Kuchnia miłosna

AFRODYZJAKI

DOBRA
kuchnia

Spis treści

Spis treści

Afrodyzjaki zawdzięczają nazwę greckiej Afrodycie (jej rzymską odpowiedniczką jest Wenus). Według mitologii boska piękność wyłoniła się z morskiej piany w pobliżu Cypru. Dryfując na muszli, dotarła do brzegu, gdzie przywdziała najdelikatniejsze szaty i udała się prosto na Olimp, a tam jej urodzie i wdziękowi ulegli wszyscy bez wyjątku – nic dziwnego, że obwołano ją boginią miłości i pożądania, opiekunką zakochanych, a także panią kwiatów, ogrodów i wiosny. Kwiatem poświęconym Afrodycie była róża, a owocami jabłko i granat.

Korzeń mandragory

MIŁOSNE PRZYPRAWY
Egzotyczne przyprawy ceniono niegdyś niemal na równi ze złotem. Służyły do konserwowania żywności, ale także sporządzania perfum i innych wonności, a także do... przyprawiania miłości. Przyprawy afrodyzjaki to m.in.: imbir, kardamon, gałka muszkatołowa, pieprz czarny i cayenne, wanilia, chilli, jałowiec, papryka, cynamon, goździki, anyż, szafran, a także bazylia, rozmaryn, mięta, tymianek i lawenda.

Bogini miłości

Dieta Afrodyty i pozostałych bogów olimpijskich była pozornie mało urozmaicona. Składała się z dwóch tylko specjałów (za to jakich!): ambrozji i nektaru, które zapewniały nieśmiertelność i wieczną młodość. Zważywszy na fakt, że mieszkańcy Olimpu byli wyjątkowo kochliwi – o ich miłostkach krążyło mnóstwo pikantnych opowieści – można podejrzewać, że boski pokarm miał także moc afrodyzjaku.

W poszukiwaniu eliksiru miłości

Najstarszy zachowany przepis na miłosny eliksir pochodzi ze starożytnego Egiptu, a wśród składników zawiera suszone liście akacji, tarniny i miodu. W starożytnej Grecji za afrodyzjak uchodził napój z ciepłego jogurtu i dzikich orchidei, a także por i czosnek; ten ostatni był też popularny w Rzymie.

Na Dalekim Wschodzie wierzono w moc mandragory. Wzmianki o jej właściwościach znajdziemy w staroegipskim Papirusie Ebersa, a także w pismach greckich

Narodziny Wenus,
Sandro Botticelli, ok. 1485

uczonych Hipokratesa i Teofrasta; wspomina o nim również Stary Testament. W średniowieczu korzeń tej rośliny uznawano za środek magiczny – być może ze względu na jego przypominający ludzką postać kształt. Podejrzewano też, że jest składnikiem słynnej „maści czarownic", która umożliwia wiedźmom latanie.

Niezwykłe właściwości przypisywano także żen-szeniowi, stosowanemu przez Chińczyków od ponad 5000 lat. O jego mocy krążyły legendy – nalewkę z korzenia pili chińscy cesarze, co podobno pozwalało im zaspokajać setki nałożnic.

Średniowieczny medyk Majmonides dla dodania miłosnego wigoru zalecał przyprawiać każde danie mieszanką pieprzu, korzenia galgantu, cynamonu, anyżu i gałki muszkatołowej.

Narodziny Wenus,
Sandro Botticelli, ok. 1485

W dawnej Polsce najpopularniejszym afrodyzjakiem był lubczyk ogrodowy. Według ludowych wierzeń podanie ukochanej osobie napoju z dodatkiem lubczyku zapewniało odwzajemnienie uczuć. Przypięty do ślubnej sukni miał gwarantować pomyślność w małżeństwie; dodawano go także do pierwszej kąpieli noworodka, by zapewnić dziecku szczęście w miłości. Podobno największą moc miał lubczyk wykopany 1 października o szóstej rano. W polskiej tradycji lubczykami nazywano także inne „magiczne zioła" – m.in. serdecznik, paproć czy szalej.

*NAJDZIWNIEJSZE
AFRODYZJAKI*

W wielu kulturach za środki o magicznej mocy uchodziły specyfiki ze zwierząt, które kojarzyły się z siłą i płodnością, np. proszek z rogu nosorożca lub jeleniego poroża, jądra byków czy kogucie grzebienie. Wśród innych dziwnych afrodyzjaków wymieniano zupę z jaskółczych gniazd, mrówcze nóżki, kości nietoperza, sproszkowane kości ropuchy, krokodyla czy wysuszoną skórę jaszczurki.

MAISON CATHERINE
LA MERE
CATHERINE
RESTAURANT
JARDIN
BOSQUETS

FRANCUSKA
KUCHNIA MIŁOSNA

S łynący z wyrafinowanego smaku Francuzi już dawno temu odkryli związek między jedzeniem a erotyzmem. Komponując menu dla dwojga, sięgali po potrawy uważane od wieków za sprzyjające miłosnym zapałom. Według nich udane spotkanie powinna rozpoczynać kolacja w nastrojowej restauracji (a tych we Francji nie brakuje), a kończyć... wspólne śniadanie.

Do historii przeszła Madame de Pompadour, faworyta Ludwika XV, najbardziej wpływowa kobieta jego czasów. Podobno karierę królewskiej metresy przepowiedziała jej wróżka, gdy przyszła markiza miała zaledwie dziewięć lat. Źródła głoszą, że z natury nie była szczególnie namiętną kochanką, opanowała jednak do perfekcji *ars amandi* i wciąż ją doskonaliła, by zadowolić wymagającego władcę. Sama zaś wspomagała się bez umiaru słynnym wówczas afrodyzjakiem, znanym jako hiszpańska mucha; kiedyś omal nie przypłaciła tego życiem, bo jest to specyfik tyleż skuteczny, co niebezpieczny. Piękna markiza poznała tajniki miłosnej diety, serwując królowi dania bogate w afrodyzjaki: wanilię, imbir, świeże warzywa (zwłaszcza selery), wołowy móżdżek. Któregoś dnia zaskoczyła Ludwika pozornie mało wyszukaną potrawą z marchewki i ziemniaków pod sosem beszamelowym. Danie to, podane z wykwintnym białym winem, przeszło podobno najśmielsze oczekiwania króla.

Kuchnia francuska obfituje w przepisy na potrawy z ryb i owoców morza (klasykiem wśród nich są małże św. Jakuba), wzmacniających odporność i zwiększających libido. Korzysta chętnie z ziół, z których wiele ma działanie pobudzające. Francuscy kucharze słyną także ze słodkich deserów, które znakomicie poprawiają nastrój.

La marquise de Pompadour, François Boucher, 1756

Arbuz z likierem

1 kg miąższu arbuza • ¼ szklanki likieru Amaretto lub wiśniowego • cukier puder • kostki lodu

Z połowy miąższu uformować za pomocą łyżeczki kulki, ułożyć je w szklanych pucharkach, skropić połową likieru i wstawić na 2 godziny do lodówki. Pozostały miąższ zmiksować, dodać resztę likieru, posłodzić do smaku, rozlać do wysokich szklanek, a przed podaniem wrzucić kostki lodu.

Bakłażany po liońsku

2 bakłażany (ok. 75 dag) • 4 papryki różnokolorowe • 10 dag oliwek
zielonych (bez pestek) • 1 seler naciowy • 1 łyżka octu winnego białego
• 1 szklanka oliwy • 1 cebula biała • 3 ząbki czosnku • 4 pomidory
• sól, pieprz czarny mielony

Bakłażany pokroić na duże kawałki. Paprykę oczyścić z nasion i pokroić w dużą kostkę. Oliwę rozgrzać na patelni i smażyć kolejno paprykę i bakłażana. Na tym samym tłuszczu zeszklić posiekaną cebulę, dodać pokrojone w cząstki pomidory (bez skórki), pokrojony seler, posiekany drobno czosnek i połówki oliwek. Doprawić do smaku solą i pieprzem. Dusić 10–15 minut. Po tym czasie dodać usmażoną paprykę, bakłażana i dusić pod przykryciem około 10 minut. Wystudzić, polać octem i wstawić do lodówki. Podawać na zimno, do dań z drobiu lub cielęciny.

GRUSZKA MIŁOŚCI

Taką romntyczną nazwę nadano bakłażanowi, znanemu także jako oberżyna, psianka botaniczna, a po łacinie *Solanum melongena*. Uwodzi pięknym kształtem, kolorem i zmysłową w dotyku skórką. Nic dziwnego, że w wielu kulturach słynie jako silny afrodyzjak. W Europie, gdzie dotarł w XIV wieku, uznano go początkowo za roślinę ozdobną, później stwierdzono, że zapewnia długowieczność i wyjątkową sprawność organizmu. Jest warzywem eleganckim, idealnym na romantyczne kolacje we dwoje. Lubi towarzystwo czerwonego wina.

Bouillabaisse po prowansalsku

4 dzwonka węgorza • 1 kg fileta z dorsza • 3 filety z okonia
• 8 szklanek wywaru z warzyw • 4 cebule białe • 1 kg ziemniaków
• 1 kg pomidorów • 1 szklanka wina białego wytrawnego
• 1 główka czosnku • 3 łyżeczki przecieru pomidorowego
• 1 łyżeczka ziół prowansalskich suszonych
• oliwa • sól, pieprz biały mielony, szafran suszony

Węgorza obrać, pokroić w kostkę, smażyć 4–5 minut na oliwie. Zalać białym winem, dodać pokrojone drobno pomidory bez skórki. Całość smażyć 6–8 minut. Następnie zalać częścią wywaru i dodać przecier pomidorowy. Gotować na małym ogniu około godziny, aż całość zgęstnieje. Doprawić do smaku solą, pieprzem, ziołami prowansalskimi i szafranem. Ziemniaki obrać, pokroić w plastry. Drobno posiekaną cebulę i czosnek smażyć 1–2 minuty na oliwie. Odstawić. Do zupy wlać resztę bulionu, dodać resztę ryb pokrojonych na kawałki, ziemniaki i cebulę. Gotować 20–25 minut.

PRZEPIS BOGINI

Bouillabaisse (wym. bujabes) należy do najbardziej znanych potraw kuchni prowansalskiej. Legenda głosi, że tę smakowitą zupę „wynalazła" rzymska bogini miłości Wenus i przy jej pomocy uwiodła boga ognia Wulkana. Być może dlatego, choć pewniej dzięki pochodzącym z morza składnikom uważanym za afrodyzjaki, bouillabaisse zajmuje ważne miejsce w miłosnej kuchni, nie tylko francuskiej.

Crème brûlée

• 2 szklanki śmietany 36% • 1½ szklanki mleka • 1 laska wanilii • 8 żółtek
• ½ szklanki cukru pudru • ½ szklanki bardzo drobnego cukru
• garść malin

Mleko wraz ze śmietaną wlać do garnka, dodać laskę wanilii, podgrzewać 4–5 minut na bardzo małym ogniu, nie dopuszczając do wrzenia, następnie wyjąć wanilię. Żółtka utrzeć z cukrem pudrem. Powoli mieszając, wlewać mleko do masy jajecznej. Przełożyć masę do naczyń żaroodpornych; powinna sięgać do ¾ wysokości. Włożyć do piekarnika nagrzanego do 180°C i zapiekać około 1½ godziny, następnie wyjąć i wystudzić. Gdy krem ostygnie, wstawić go do lodówki na godzinę. Tuż przed podaniem rozgrzać piekarnik do 200°C. Powierzchnię kremu posypać drobnym cukrem i wstawić na najwyższą półkę do piekarnika na 5–10 minut. Gdy na powierzchni wytworzy się skorupka, wyjąć z piekarnika, udekorować malinami lub innymi czerwonymi owocami i natychmiast podawać.

Grzanki z kawiorem

bagietka • 8 dag masła • kawior (czarny, czerwony lub oba rodzaje)
• 1 limonka lub cytryna • ½ pęczka koperku

Bagietkę pociąć na kromki i opiec je w tosterze na złoto. Każdą kromkę smarować masłem (można je utrzeć z odrobiną czosnku). Układać kawior na tostach, ostrożnie, by nie uszkodzić ikry. Udekorować koperkiem i plasterkiem limonki lub cytryny. Podawać od razu po przygotowaniu.

Francuska zupa szparagowa

50 dag szparagów białych, oczyszczonych • 2 szklanki wywaru z drobiu
• 1 por (ok. 25 dag) • 1 szklanka śmietany 30% • 1 pietruszka • 2 łyżki
mąki pszennej • 2 łyżki masła • 1 pęczek natki pietruszki
• sól, pieprz czarny mielony

Na patelni rozpuścić masło, a następnie dodać do niego pokrojony drobno por. Kiedy się zeszkli, wlać wywar wraz z pokrojonymi w małe kawałki szparagami i cienkie półplasterki pietruszki. Całość dusić na małym ogniu około 15 minut, do miękkości szparagów. Wymieszać śmietanę i mąkę, dodać do zupy i delikatnie wymieszać. Doprawić zupę solą oraz pieprzem i posypać posiekaną natką pietruszki.

CESARSKI PRZYSMAK

Delektowali się nim Egipcjanie, Grecy, Arabowie i Rzymianie (ich wielkim amatorem był Juliusz Cezar), później na pewien czas zniknęły ze stołów, by powrócić triumfalnie – za pośrednictwem Arabów – do średniowiecznej Francji. W XVI wieku szparagi cieszyły się już sławą warzywa sprzyjającego miłosnym zapałom. John Gerard polecał młode pędy zaparzone w winie jako środek, który „żądze ciała pobudza".

Miłosny koktajl

25 dag marchwi • 10 dag świeżych fig • 1 banan • 1 pomarańcza
• 1 brzoskwinia • 2 cm korzenia imbiru • 10 listków świeżej mięty
• 5 kostek lodu

Marchew i figi oczyścić. Pomarańczę i brzoskwinię obrać. Imbir pokroić w plastry. Wycisnąć sok w sokowirówce, przelać do blendera, dorzucić pokrojonego w plastry banana oraz kostki lodu. Po zmiksowaniu rozlać do wysokich szklanek. Posypać listkami mięty.

Krewetki w czosnku i maśle

1 kg krewetek, oczyszczonych • 2 łyżki masła • 6 ząbków czosnku
• 1 pęczek natki pietruszki • 3 łyżki soku z cytryny • sól

Krewetki umyć. Masło rozgrzać na patelni i układać osuszone krewetki. Następnie dodać drobno pokrojony czosnek. Całość smażyć około 5 minut, często mieszając. Do podsmażonych krewetek dodać posiekaną natkę pietruszki, sok z cytryny i sól do smaku. Całość wymieszać i natychmiast podawać.

PALCE LIZAĆ

Istnieją specjały, które najlepiej smakują jedzone palcami. Należą do nich krewetki podawane w skorupkach (także małże, udka kurczęcia, pieczone żeberka, ostrygi w muszlach, karczochy). Krewetki to połączenie wyrafinowanego kształtu i delikatnego smaku, a sposób ich jedzenia może zaostrzać zmysły. To doskonały wybór na wykwintną kolację we dwoje.

Łosoś z kawiorem

10 dag fileta z łososia
• 5 dag kawioru czarnego • 1 awokado • 1 łyżka chrzanu wasabi
• sok z 1 cytryny • sól, pieprz czarny mielony

Łososia dokładnie posiekać, przyprawić sokiem z cytryny, solą i pieprzem. Awokado przekroić na połowę, usunąć pestkę i wydrążyć miąższ, skropić go sokiem z cytryny, aby nie ściemniał. Przyprawić solą, pieprzem i chrzanem. Na dnie małych miseczek ułożyć warstwę awokado, ugnieść, na nim warstwę łososia, ponownie cienką warstwę miąższu awokado. Całość delikatnie wyłożyć na mały talerzyk. Udekorować kawiorem, schłodzonym i skropionym sokiem z cytryny.

Łosoś z truskawkami

25 dag łososia wędzonego, w plastrach • 1 szklanka rukoli
• 15 dag truskawek • 4 łyżki oliwy
• 2 łyżki octu winnego białego • 1 łyżeczka miodu
• 1 łyżeczka musztardy ostrej • 1 szczypta pieprzu czarnego mielonego

Truskawki opłukać, obrać z szypułek i pokroić na ćwiartki. Z octu, miodu, musztardy i oliwy przyrządzić sos o gładkiej konsystencji. Ćwiartki truskawek wymieszać z rukolą oraz połową sosu. Na półmisku ułożyć plastry łososia, a na nich mieszankę owoców i sałaty. Polać resztą sosu i oprószyć czarnym pieprzem. Podawać z pieczywem i białym winem.

Małże gotowane w białym winie

*1 kg małży • 4 cebule szalotki • 3 ząbki czosnku • 2 łyżki masła
• 2 szklanki wina białego wytrawnego • 3 łyżki natki pietruszki, posiekanej
• sól, pieprz czarny mielony*

Małże w muszlach wyszorować pod bieżącą wodą. Szalotki i czosnek obrać, posiekać i dusić na maśle 5–7 minut. Wlać wino, a gdy zacznie wrzeć, dodać sól, pieprz i małże. Gotować pod przykryciem około 7 minut. Mule powinny się otworzyć, zamknięte trzeba wyrzucić. Podawać posypane natką pietruszki.

Marsylski krem szparagowy

3 pęczki białych szparagów • 8 szklanek wywaru z drobiu i warzyw
• 30 dag białej cebuli • 1 por • 2 łyżki masła klarowanego
• 1 szklanka śmietany 30% • 4 łyżki płatków migdałów
• sól, pieprz biały mielony

Szparagi obrać, obciąć 2–3 cm główek oraz 1 cm końcówek. Łodyżki pociąć na kawałki długości 1 cm. Główki smażyć 2–3 minuty na rumiano na 1 łyżce masła, zdjąć z patelni. Cebulę obrać i pokroić w kostkę. Białe części pora umyć i również pokroić w kostkę. Warzywa wrzucić na resztę masła i smażyć. Po 3–4 minutach wlać wywar, zagotować. Zmniejszyć ogień i gotować około 20 minut, do miękkości warzyw. Wlać śmietanę, dokładnie zmiksować. Doprawić do smaku solą i pieprzem. Płatki migdałów prażyć około 3 minut na rumiano na rozgrzanej suchej patelni. Gorącą zupę podawać przybraną główkami szparagów i uprażonymi płatkami migdałów.

SEKRET ZUPY
„Przy zupach stosuje się podobne kryterium jak przy sosach: są jak wstęp do miłości; należy więc je gotować, pamiętając o wszystkich zmysłach: wzroku i smaku, węchu oraz dotyku, a w niektórych przypadkach także słuchu”.

Isabel Allende

Mus z czekolady

15 dag gorzkiej czekolady • 3 jajka • 5 dag cukru • 2 łyżki winiaku
• 1 łyżeczka kawy rozpuszczalnej • ½ szklanki śmietany 30%

Połamać czekoladę na kawałki i rozpuścić w kąpieli wodnej. Odstawić i wystudzić. W misce na parze ubijać 5–7 minut żółtka, cukier, winiak i kawę na kremową masę. Zdjąć miskę z pary i ubijać, aż wystygnie. Białka ubić na sztywną pianę. Śmietanę i pianę z białek wraz z płynną masą czekoladową wymieszać z masą żółtkową. Mus chłodzić 1–2 godziny i podawać w szklanych pucharkach.

Sałatka owocowa

4 pomarańcze • 2 łyżki fig suszonych • 2 łyżki daktyli suszonych
• 8 moreli suszonych • 2 łyżki płatków migdałów • 3 łyżki liści mięty świeżej
• 1 laska cynamonu • 2 gwiazdki anyżu • 5 goździków • 2 łyżki miodu
• 1 szklanka wody

Pomarańcze obrać ze skórki i białych błonek. Daktyle i figi sparzyć, a następnie osączyć na papierowym ręczniku i pokroić w plastry. Migdały prażyć 5 minut na suchej patelni. Miętę posiekać. Morele zalać wrzątkiem, osączyć i pokroić w paski. Do rondla wlać wodę, dodać miód, goździki, laskę cynamonu i anyż. Podgrzewać na niewielkim ogniu 8–10 minut. Przecedzić syrop i odstawić do ostygnięcia. Suszone owoce wymieszać z migdałami i miętą, a następnie zalać syropem. W pucharkach ułożyć cząstki pomarańczy, a na nie wylać suszone owoce w syropie.

Ślimaki na zielonej kołderce

20 dag ślimaków w sosie własnym • 1 główka sałaty lodowej
• 1 pęczek szczypiorku • sól

Liście sałaty dokładnie umyć i ułożyć na talerzykach deserowych. Na sałacie układać osączone z sosu ślimaki. Szczypiorek bardzo drobno posiekać i sypać wokół ułożonych ślimaków. Całość doprawić do smaku solą.

Tarta z czekoladą, migdałami i kardamonem

Ciasto: *15 dag mąki pszennej • 10 dag masła • 3 żółtka • 2 łyżki kakao*
• 2 łyżki cukru • 1 łyżeczka cukru wanilinowego
Masa: *40 dag gorzkiej czekolady, startej • 1 polewa z białej czekolady*
• 2 łyżki płatków migdałów • 2 łyżki śmietany 36%
• 1 łyżeczka masła • 1 łyżeczka mielonego kardamonu

Wymieszać kakao z mąką, dodać cukier, żółtka, ¾ posiekanego masła oraz cukier wanilinowy. Zagnieść, uformować w kulę i wstawić na 30 minut do lodówki. Rozwałkować i ułożyć w formie do tarty. Do rozgrzanego do 180°C piekarnika wstawić ciasto na około 15 minut, a następnie wyjąć i wystudzić. W tym czasie uprażyć na suchej patelni migdały oraz rozpuścić startą czekoladę z resztą masła, śmietaną i kardamonem. Chłodną tartę polać masą i poczekać, aż stężeje. Przygotować polewę z białej czekolady i ozdobić nią wierzch ciasta. Całość posypać płatkami migdałów.

WŁOSKA
KUCHNIA MIŁOSNA

W łosi, słynący z zamiłowania do korzystania z przyjemności życia, jak mało który naród cenią sobie rozkosze stołu. Cieszą się też sławą romantycznych kochanków, w czym zapewne niemała zasługa literatury. Znajdziemy w niej wyrafinowane sonety miłosne Petrarki skierowane do Laury, a także żywiołowe opowiadania zebrane w „Dekameronie" Boccacia, opiewające uroki życia i miłości – małżeńskiej i pozamałżeńskiej, zmysłowej i platonicznej, tragicznej i sielankowej. Wspólna lektura może zadziałać jak najlepszy afrodyzjak!

Z włoską Weroną kojarzy się najsłynniejsza para literackich kochanków – Romeo i Julia z Szekspirowskiego dramatu. Z Wenecji – romantycznego miasta zakochanych – pochodził Casanova. Uwodziciel wszechczasów i wielki smakosz zdobywał białogłowy na mnóstwo wyrafinowanych sposobów; dbał przy tym o odpowiednio skomponowane menu, traktując kolację jako wstęp do miłosnych podbojów. Sam zaś zwykł dodawać sobie wigoru solidną porcją ostryg.

Włoska kuchnia nie bez przyczyny bywa nazywana kuchnią miłości. Pełno w niej zmysłowych aromatów ziół, fig, oliwek, owoców morza... Nie brakuje w niej ryb, owoców i warzyw (awokado, pomidory, wiele gatunków sałat, bakłażany, kabaczki), które już w czasach starożytnych Rzymian cieszyły się sławą afrodyzjaków.

Poeci i zakochani twierdzą, że język włoski jest wręcz stworzony do czułych wyznań. Warto zatem przyswoić sobie kilka przydatnych słówek i zwrotów, jak *amore* (miłość), *amare* (kochać), *ti amo* (kocham cię), *bacio* (pocałunek) czy *innamorti* (zakochani).

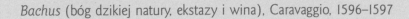

Bachus (bóg dzikiej natury, ekstazy i wina), Caravaggio, 1596–1597

Bakłażany z mozzarellą i porami

*4 bakłażany (ok. 1 kg) • 4 pomidory • 20 dag sera mozzarella
• 2 ząbki czosnku • 2 łyżki oliwy • 5 łyżek startego parmezanu
• sól, pieprz czarny mielony*

Bakłażany pokroić wzdłuż na półcentymetrowe plastry, posolić i odłożyć, aby obciekły z soku. Pomidory i ser pokroić w cienkie plastry. Oliwę zmiksować z obranym czosnkiem. W naczyniu do zapiekania ułożyć
plaster bakłażana posmarowany oliwą z czosnkiem, następnie plastry
pomidora, a na nich plastry sera mozzarella. W ten sam sposób układać
kolejne warstwy. Zapiekać 45 minut w piekarniku nagrzanym do 150°C.

POMME D' AMOUR

Ojczyzną pomidorów jest Ameryka Południowa, do Europy trafiły
dzięki Kolumbowi, a nazwę zawdzięczają Francuzom. *Pomme
d' amour*, czyli jabłka miłości, które na początku hodowano
wyłącznie ku ozdobie, w XVIII wieku zyskały sławę afrodyzjaków.
Nauka nie potwierdza wprawdzie ich
afrodyzjakalnego działania, podkreśla za to inne
rozliczne walory. W każdym razie piękny kolor,
soczysty miąższ, zapach i smak bez wątpienia
oddziałują na zmysły. A *Pomme d' amour*,
brzmi podobnie jak *Mon amour*.

Brokuły w winie

2 kg brokułów • 5 dag oliwek czarnych (bez pestek) • 8 filetów anchois
• 3 cebule szalotki • 1 szklanka wytrawnego czerwonego wina
• 1 szklanka oliwy • 5 dag startego parmezanu • 1 szczypta soli
• 1 szczypta pieprzu czarnego mielonego

Brokuły podzielić na różyczki, twarde łodygi usunąć. Pokrojone na kawałki filety anchois wymieszać z drobno posiekanymi szalotkami, plasterkami oliwek, startym parmezanem oraz ¾ szklanki oliwy. Doprawić
solą i pieprzem. Natłuścić oliwą dno oraz ścianki naczynia żaroodpornego. Na dnie ułożyć warstwę przygotowanej mieszanki z anchois, szalotek,
oliwek, parmezanu oraz oliwy i pokryć różyczkami brokułów. Układać
na przemian warstwy mieszanki i warzyw; na samej górze powinny się
znaleźć brokuły. Całość skropić resztą oliwy i polać winem. Przykryć
naczynie i zapiekać 80–90 minut w piekarniku rozgrzanym do 180°C.
Podawać na gorąco.

Deser migdałowy

1 opakowanie budyniu czekoladowego • 1 opakowanie budyniu cappuccino
• 4 szklanki mleka • 3 łyżki cukru pudru • 1 szklanka śmietany 30%
• 2 łyżki płatków migdałów

Budyń czekoladowy przygotować według przepisu na opakowaniu, rozlać równe porcje do 4 wysokich szklanek. Odstawić do wystudzenia. Na
chłodną warstwę budyniu czekoladowego wyłożyć budyń cappuccino.
Migdały uprażyć na suchej patelni, śmietanę ubić z cukrem pudrem.
Zimny budyń udekorować śmietaną i migdałami.

Figi w mascarpone

4 świeże figi • 25 dag sera mascarpone • 1 jajko • 3 łyżki miodu
• 2 łyżki wytrawnego sherry

Figi umyć i osuszyć. Białko ubić na sztywną pianę. Mascarpone zmiksować z żółtkiem, miodem i sherry. Do masy dołączyć ubite białko, ponownie zmiksować. Do 4 małych naczyń żaroodpornych wylać masę
mascarpone. W każdą porcje wcisnąć po 1 fidze, pokrojonej na 4 kawałki. Zapiekać około 25 minut w piekarniku nagrzanym do 200°C.

Krewetki w maśle i winie

40 dag krewetek w skorupkach • 1 łyżka masła
• 2 łyżki wytrawnego sherry • 2 ząbki czosnku • 1 cytryna
• ¼ pęczku koperku • po szczypcie soli i czarnego mielonego pieprzu

Gotować krewetki około 10 minut, a następnie obrać je ze skorupek.
W rondlu rozpuścić masło, dodać zmiażdżony czosnek, dorzucić krewetki, wlać sherry, doprawić solą i pieprzem. Wymieszać i gotować 5–6
minut. Pod koniec wsypać drobno posiekany koperek, pozostawiając
kilka gałązek do dekoracji. Krewetki ułożyć na talerzach, przystroić ga-
łązkami koperku oraz kawałkami cytryny. Podawać z pieczywem i sałatą.

FIGA

Jej kształt, kolor i smak wywołują zmysłowe skojarzenia.
Starożytni Grecy przypisywali jej nadzwyczajną moc – była
symbolem płodności i miłości fizycznej. W Chinach
obdarowywano nią nowożeńców. Listek figowy
znamy natomiast z Biblii, gdzie występuje jako...
pierwsza bielizna. Słodkie figi to znakomity
deser, ale można je także przyrządzać
inaczej. Warto wypróbować figi pieczone
z czosnkiem, podlane czerwonym winem
z dodatkiem miodu. Podobno działa!

ZAPACHY, KTÓRE UWODZĄ

Tuberoza

Pani pachnie jak tuberozy.
To nastraja i to podnieca.
A ja lubię zapach narkozy,
A najbardziej – gdy jest kobieca.
Julian Tuwim („Pomarańcze i mandarynki")

Kwiaty nocy

Tuberoza, dziś trochę już zapomniana, intryguje, uwodzi i kusi słodkim, zmysłowym zapachem. Najintensywniej pachnie o zmierzchu, podobnie jak jaśmin, nazywany kwiatem nocy. Jej zapach pobudza zmysły i lekko oszałamia – zupełnie jak miłość...

Róże Kleopatry

Historia uwodzicielskich zapachów jest stara jak świat. Według mitologii greckiej jako pierwsza ich moc poznała Afrodyta. Bogini strzegła zazdrośnie sekretu swych pachnideł, dopiero jakaś sprytna nimfa wykradła go i przekazała ludziom. Piękna Kleopatra sięgała po olejki z cedru i wodę różaną, by oczarować Marka Antoniusza. Z zapachu róż uczyniła swoisty „znak firmowy". Jak pisze Isabel Allende „w portach, do których miał wpłynąć jej złoty okręt, bryza z wyprzedzeniem zapowiadała jej przybycie, przynosząc ze sobą woń damasceńskich róż, którymi uwodzicielska władczyni kazała skrapiać żagle". A od czasu jej wizyty w Rzymie wśród elit zapanowało różane szaleństwo: różami pachniały eleganckie damy, a podczas zabaw z dachów zrzucano deszcz kwiatów.

MAGICZNA DZIEWIĄTKA
Według Mariny Medici, autorki „Magii miłości", do najskuteczniejszych zapachów miłosnych (warto poszukać ich nut, wybierając perfumy) należą: gorzka pomarańcza (neroli), róża, jaśmin, melisa, wrzos, kompozycja z zapachu jabłka i gałki muszkatołowej, żeń-szeń, kwiaty ylang-ylang oraz damiana (Turnera aphrodisiaca), której ojczyzną jest Ameryka Południowa.

Dawne pachnidła

Produkcja perfum,
Rudolphe Ernst (1854–1932)

Wonne kadzidła wywodzą się podobno z Mezopotamii. Starożytni Grecy po kąpieli w łaźni publicznej namaszczali starannie ciało kilkoma rodzajami aromatycznych olejków. W Egipcie wonne pomady wcierano we włosy, a w Chinach wkładano do pościeli perfumowane saszetki, w pomieszczeniach zapalano kadzidła i stosowano aromatyczne kąpiele. Piękności Wschodu pachniały cedrem, cynamonem, mirrą i innymi wonnymi żywicami. Sztukę pozyskiwania i komponowania zapachów wznieśli na wyżyny Arabowie. Oni też wynaleźli aparat do destylowania alkoholu, za którego pomocą utrwalano zapachy. Pierwsze nowożytne perfumy – wodę różaną – wyprodukował Avicenna. Do Europy dotarły w czasach wypraw krzyżowych. W XVI wieku stolicą perfum został Paryż – za sprawą Katarzyny Medycejskiej, która sprowadziła z Florencji wybitnych perfumiarzy.

Zmysłowy wieczór

Romantyczny aromat rozpylony w powietrzu i odprężający masaż z łagodną muzyką w tle… Planując wieczór z takimi atrakcjami, trzeba pamiętać, by olejków eterycznych nie stosować bezpośrednio na skórę – mogą wywołać podrażnienia. Poza tym zbyt duże stężenie zapachu, zamiast romantycznego nastroju powoduje często ból głowy. Należy używać tzw. olejków nośnikowych (np. lniany, z pestek winogron, oliwa z pierwszego tłoczenia). Wystarczą trzy łyżki, do których dodajemy 10 kropli olejku eterycznego. Przygotowując pachnącą kąpiel, krople olejku dodaje się w ostatniej chwili, by aromat nie uleciał.

UWODZICIELSKIE OLEJKI
- bazyliowy
- bergamotkowy
- cynamonowy
- eukaliptusowy
- geraniowy
- goździkowy
- jaśminowy
- cyprysowy
- eukaliptusowy
- imbirowy
- koper włoski
- mandarynkowy
- melisowy
- neroli (gorzka pomarańcza)
- różany
- paczulowy
- pomarańczowy
- rozmarynowy
- sandałowy
- ylang ylang

Małże z czosnkiem

1 kg małży świeżych • 10 dag masła • 3 łyżki bułki tartej • 2 cebule szalotki
• 3 ząbki czosnku • sok z 1 cytryny • 1 pęczek natki pietruszki
• 1 szczypta soli • 1 szczypta pieprzu czarnego mielonego

Oczyszczone małże gotować około 10 minut. Odrzucić te, które pozostały zamknięte. Połówki skorupek z zawartością ułożyć na natłusz-
czonej masłem blasze. Drobno posiekać szalotki i natkę pietruszki,
rozgnieść czosnek i wymieszać wszystko z sokiem z cytryny oraz tartą
bułką. Doprawić do smaku solą i pieprzem. Rozłożyć masę na małżach,
a następnie polać całość roztopionym masłem. Zapiekać około 10 minut w piekarniku nagrzanym do 200° C. Podawać na gorąco.

Panna cotta

2 płaskie łyżeczki żelatyny • 1 laska wanilii • 75 ml śmietanki kremówki
• 75 ml pełnego mleka • 40 dag cukru • 1 łyżka rumu • garść malin
• garść jagód • mus (lub sos) truskawkowy • listki melisy do dekoracji

Żelatynę zalać 3 łyżkami zimnej wody i odstawić na 5 minut. Wanilię przekroić wzdłuż i wyskrobać miąższ wraz z ziarenkami. Śmietankę i mleko wlać do rondelka, dodać cukier, ziarenka i miąższ z wanilii. Rozpuścić cukier, cały czas mieszając. Dolać rum, zagotować i zestawić z ognia. Dodać namoczoną żelatynę i mieszać energicznie, aż żelatyna zupełnie się rozpuści. Tak przygotowany deser wlać do 2 filiżanek lub kokilek. Kiedy ostygnie, wstawić na do lodówki, by całkiem stężał. Wyłożyć na talerzyki, polać musem truskawkowym, posypać jagodami i malinami oraz cukrem pudrem.

Pesto po sycylijsku

10 dag orzechów włoskich, zmielonych (bez skórek) • 10 dag startego żółtego sera • 4 pęczki bazylii • 1 szklanka oliwy • 2 łyżeczki soli

Posiekać bazylię, zmiksować z solą, serem i orzechami. Nie przerywając miksowania, wlać oliwę. Podawać z makaronem.

Puszyste tiramisu

50 dag serka mascarpone • 2 szklanki śmietany 30% • 4 żółtka
• 1 cukier wanilinowy • 1 szklanka kawy rozpuszczalnej (mocnej)
• 1 paczka biszkoptów (podłużnych) • 10 dag gorzkiej czekolady, startej

Żółtka utrzeć z cukrem do białości, dodać do serka mascarpone. Śmietanę ubić na sztywno, połączyć z masą serowo-jajeczną. W pucharkach lub małych salaterkach układać podłużne biszkopty nasączone kawą, następnie wyłożyć część masy, posypać częścią czekolady startej na tarce o drobnych oczkach, przykryć biszkoptami nasączonymi w kawie, masą i wierzch posypać resztą czekolady. Udekorować rozetkami bitej śmietany i biszkoptem. Włożyć do lodówki na 2–3 godziny.

UNIEŚ MNIE!

„Unieś mnie, przebudź, postaw na nogi" – tak w wolnym tłumaczeniu brzmi nazwa ulubionego deseru Włochów. Na florenckim dworze, wierząc w jego afrodyzjakalną moc, raczono się nim przed bliskimi spotkaniami z damami. O tym eleganckim przysmaku krąży wiele legend. Jedna z bardziej

pikantnych głosi, że wymyśliły go włoskie kurtyzany i serwowały kochankom, którzy nieco opadli z sił – cóż, to w jakiś sposób tłumaczyłoby nazwę... Tak czy inaczej składniki tiramisu: czekolada, kawa, jajka oraz niebiański smak gwarantują ożywienie i poprawę nastroju.

Sałatka z pomidorów z ziołami

6 pomidorów • 1 ząbek czosnku • 1 cebula czerwona • 2 łyżki oliwy
• 1 łyżka soku z cytryny • 1 łyżka liści kolendry, świeżej
• 2 cm korzenia imbiru • 5 liści bazylii, świeżej • 1 szczypta soli
• 1 szczypta pieprzu czarnego mielonego

Pomidory sparzyć wrzątkiem, obrać ze skóry i pokroić na kawałki. Obraną cebulę pokroić w krążki. Opłukać i wytrzeć do sucha liście kolendry, po czym podzielić je na drobniejsze kawałki. Zetrzeć na tarce imbir i rozgnieść czosnek. Składniki wymieszać, a następnie doprawić oliwą, sokiem z cytryny, solą i pieprzem. Całość udekorować listkami świeżej bazylii. Podawać z grzankami.

Szparagi w białym winie

1 kg szparagów białych • 2 żółtka • ½ szklanki wina białego wytrawnego
• 3 łyżki masła • ½ szklanki śmietany 28%
• 1 łyżeczka mąki kukurydzianej • 1 szczypta cukru
• 1 szczypta soli • 1 szczypta pieprzu czarnego mielonego
• 1 pęczek natki pietruszki

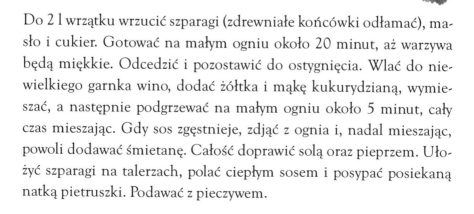

Do 2 l wrzątku wrzucić szparagi (zdrewniałe końcówki odłamać), masło i cukier. Gotować na małym ogniu około 20 minut, aż warzywa będą miękkie. Odcedzić i pozostawić do ostygnięcia. Wlać do niewielkiego garnka wino, dodać żółtka i mąkę kukurydzianą, wymieszać, a następnie podgrzewać na małym ogniu około 5 minut, cały czas mieszając. Gdy sos zgęstnieje, zdjąć z ognia i, nadal mieszając, powoli dodawać śmietanę. Całość doprawić solą oraz pieprzem. Ułożyć szparagi na talerzach, polać ciepłym sosem i posypać posiekaną natką pietruszki. Podawać z pieczywem.

Tagliatelle z owocami morza

40 dag makaronu tagliatelle • 30 dag małży • 10 dag krewetek
• 50 dag pomidorów • ½ szklanki białego wytrawnego wina • 1 cebula biała
• 1 ząbek czosnku • 1 łyżka kaparów • 2 łyżki masła • 1 łyżka oliwy
• 1 liść laurowy • 1 szczypta soli • 1 szczypta pieprzu czarnego mielonego
• ½ pęczka natki pietruszki

W rondlu rozgrzać oliwę i zeszklić drobno posiekaną cebulę i rozgnie-
ciony czosnek. Wlać wino, dodać pieprz, sól oraz liść laurowy, a następnie wrzucić małże w muszlach. Gotować około 5 minut, mieszając
od czasu do czasu, aż małże się otworzą. Odrzucić te, które pozostały
zamknięte. Dodać krewetki, kapary oraz pokrojone w kostkę pomidory (bez skóry). Całość doprowadzić do wrzenia i gotować 4–5 minut.
W tym samym czasie wrzucić makaron do osolonego wrzątku i gotować 6–8 minut, a następnie odcedzić. Stopić masło i wymieszać z ciepłym makaronem. Dodać sos z owoców morza i pomidorów i wymieszać. Podawać posypaną posiekaną natką pietruszki.

Truskawki w winie

50 dag truskawek • 2 szklanki czerwonego wina • 10 dag miodu
• 3 goździki • szczypta cynamonu • skórka pomarańczowa • ½ laski wanilii

Wino z dodatkiem miodu, soku z kilkunastu truskawek i przypraw gotować powoli na małym ogniu, około 15 minut (płyn powinien zredukować się do $2/3$ objętości). Zestawić z ognia, a gdy wino trochę przestygnie zalać nim połówki truskawek, a po minucie wyjąć owoce łyżką cedzakową i wyłożyć na salaterki. Gdy wino całkowicie wystygnie, zalać owoce i wstawić na 2 godziny do lodówki. Udekorować listkami melisy lub mięty.

NAPÓJ MIŁOSNY

„Ci, którzy wypiją go razem, będą się miłowali wszystkimi
zmysłami i wszystką myślą na zawsze, przez życie i po śmierci".
Taka właśnie miłość połączyła Tristana i Izoldę, którzy przez
przypadek wypili ów napój „z ziół, kwiatów, korzeni i wina,
sporządzony wedle przepisów sztuki czarnoksięskiej". Legenda
o najsłynniejszych średniowiecznych kochankach nie podaje
wprawdzie dokładnego przepisu na miłosną miksturę, ale znawcy
tematu uważają, że jednym ze składników był sok z selera.

Włoskie ciasto czekoladowe z migdałami

Ciasto: *10 dag czekolady gorzkiej* • *5 dag czekolady mlecznej*
• *5 dag herbatników imbirowych* • *10 dag migdałów (bez skórki)*
• *1 szklanka cukru* • *2 łyżki kakao* • *skórka starta z 1 pomarańczy*
• *4 łyżki likieru pomarańczowego* • *10 dag masła* • *4 jajka*
Dekoracja: • *3 łyżki cukru pudru* • *2 łyżki kakao*
Krem: *25 dag sera mascarpone* • *½ szklanki śmietany 30%*
• *5 łyżek cukru pudru*

Piekarnik nagrzać do 180°C. Czekoladę (ciemną i mleczną) roztopić
w kąpieli wodnej lub mikrofalówce. Ciasteczka i migdały zemleć na
proszek. Wymieszać z cukrem, kakao, skórką z pomarańczy i likierem.
Zmiksować na jednolitą masę z masłem oraz jajkami. Dodać roztopioną
czekoladę. Przelać do formy o średnicy 20 cm i wstawić do piekarnika.
Piec 35–40 minut. Nie wyjmować z formy i nie kroić, zanim ciasto całkowicie nie wystygnie. Zimną śmietankę ubić z cukrem pudrem na sztywną
pianę. Szybko zmiksować z serem mascarpone na jednolitą masę. Przełożyć ciasto, posypać przez sitko cukrem pudrem, a następnie kakao.

POLSKA
KUCHNIA MIŁOSNA

Kuchnia polska przez wieki chętnie przejmowała i dostosowywała do swoich potrzeb potrawy typowe dla innych krajów. Dzięki temu znalazło się w niej wiele nieznanych wcześniej warzyw, owoców i ziół. A wśród nich oczywiście te uznawane za afrodyzjaki.

Kuchnia sarmacka korzystała obficie z orientalnych przypraw, zwanych u nas „korzeniami". Rozgrzewające przyprawy – imbir, cynamon, goździki, szafran czy kardamon – dodawały wigoru i wzmagały apetyt (także na miłość). Za sprawdzone afrodyzjaki w naszej kuchni uchodziły m.in.: jaja kurze gotowane na miękko, niesolona wieprzowina, marcepany, rzodkiewka, cebula, świeża rzepa, szpinak, pietruszka, korzenie storczyka, imbir, zioło ruty, migdały, a także nalewki z selera (tzw. wódki selerowe), napój z pokrzyw gotowanych w winie, orzechówka. Afrodyzjakalne działanie przypisywano także polskim miodom i nalewkom – o ile nie przesadziło się z ich „dozowaniem". W dawnej Polsce sporządzano także rozmaite miłosne mikstury – ich niektóre ingrediencje mogą przyprawić o dreszcze, niekoniecznie miłosne. Do czarodziejskich eliksirów zalecano dodawać na przykład włosy ukochanej osoby, sproszkowane serce gołębia, a także rozmaite zioła, zwane z racji swego działania lubczykami. Miłosne czary działały ponoć najmocniej w Noc Świętojańską, którą można uznać za słowiański odpowiednik popularnych dziś walentynek. Rozgwieżdżona czerwcowa noc (najkrótsza w roku), aromat palonych w ognisku ziół, pieśni, tańce i miłosne wróżby – wszystko to z pewnością tworzyło nastrój sprzyjający zakochanym.

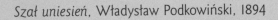

Szał uniesień, Władysław Podkowiński, 1894

Filet z flądry z kurkami

50 dag filetów z flądry • 50 dag kurek • 3 łyżki masła
• 1 szklanka śmietany 30% • 1 łyżeczka mąki pszennej
• 25 dag sera topionego • 1 ząbek czosnku
• sól, pieprz czarny mielony

Mąkę rozprowadzić w śmietanie. Oczyszczone kurki opłukać zimną wodą, pokroić, smażyć 3–4 minuty na maśle i doprawić do smaku solą i pieprzem. Dodać śmietanę z mąką, ser i mieszać, aż ser się rozpuści. Filety ułożyć w naczyniu żaroodpornym posmarowanym masłem roztartym z czosnkiem. Na filetach ułożyć grzyby. Zapiekać około 45 minut w piekarniku nagrzanym do 200°C.

Jajka kacze faszerowane

4 jajka kacze • 1 papryka czerwona marynowana
• 1 łyżka groszku konserwowego • 1 łyżka kukurydzy konserwowej
• 1 łyżka szczypiorku, posiekanego • 1 łyżka jogurtu naturalnego
• sól, pieprz czarny mielony, curry

Jajka ugotować na twardo, przekroić wzdłuż na połówki, usunąć żółtka, a białka lekko posolić. Drobno pokrojoną paprykę, groszek, kukurydzę, szczypiorek wymieszać z jogurtem i przyprawami. Tak przygotowanym nadzieniem wypełnić miejsca po żółtkach.

Krem z pora z lubczykiem

1 por • 2 ziemniaki • 1 marchew • 1 szklanka wywaru z warzyw
• ¼ pęczka natki pietruszki • oliwa
• sól, pieprz czarny mielony, łyżeczka suszonego lubczyku

Pora umyć i pokroić w cieniutkie plasterki. Obrane ziemniaki pokroić w drobną kostkę, marchew obrać i zetrzeć na grubej tarce. Na rozgrzaną oliwę wrzucić pora i smażyć 4–5 minut. Zalać wywarem z warzyw, dodać ziemniaki i marchew, gotować około 20 minut. Doprawić solą, pieprzem i lubczykiem. Zmiksować, udekorować natką z pietruszki.

Krem z zielonego groszku z bazylią

200 g groszku zielonego mrożonego • 3 szklanki wywaru z warzyw
• 1 cebula • 1 żółtko • 2 łyżki śmietany 36% • 1 łyżka masła
• ½ pęczka koperku • 2 szklanki grzanek z chleba
• sól, pieprz czarny mielony, bazylia suszona

Cebulę obrać, pokroić w kostkę, podsmażyć na złoty kolor na maśle. Rozmrożony groszek dodać do cebuli i smażyć 15 minut. Dodać wywar, całość zmiksować i zagotować. Do zupy wlać żółtko rozprowadzone w śmietanie. Doprawić do smaku solą i pieprzem. Zupę podawać z grzankami i posiekanym koperkiem.

Łosoś w szpinaku

2 filety z łososia (ok. 1 kg) • ½ szklanki sosu sojowego jasnego
• 2 łyżki miodu • 1 łyżka soku z cytryny • 2 łyżeczki imbiru mielonego
• 10 dag makaronu wstążki • 20 dag liści szpinaku • oliwa • 1 cytryna
• sól, pieprz czarny mielony

Wymieszać miód, imbir, sok z cytryny, sos sojowy i podgrzewać 5–7 minut, aż do rozpuszczenia się miodu. Tak przygotowaną marynatę wystudzić, zalać łososia i odstawić na 4–5 godzin. Osączyć łososia z zalewy i piec około 10 minut w piekarniku nagrzanym do 200°C. Podgrzać oliwę, dusić na niej 5 minut szpinak, dodać sól i pieprz do smaku. Ugotować makaron *al dente*, zgodnie ze wskazówkami na opakowaniu, wymieszać ze szpinakiem. Ułożyć na talerzu makaron, na nim umieścić łososia, udekorować cytryną.

SZTUCZKI KLEOPATRY

Kleopatra znała
i ceniła upiększające
właściwości miodu.
By nadać skórze
kuszącego blasku,
wcierała w nią kosmetyk
z miodu i sproszkowanych
migdałów. Używała także
tego specyfiku w sypialni
dla urozmaicenia
miłosnych gierek,
którymi potrafiła omotać
najpotężniejszych wodzów
– Juliusza Cezara czy
Marka Antoniusza.

Pstrąg z miodem i migdałami

50 dag filetów z pstrąga • ½ szklanki miodu • 2 jajka
• ½ szklanki mąki pszennej • 1 szklanka bułki tartej
• 2 łyżki płatków migdałów • sok z 1 cytryny
• sól, pieprz czarny mielony

Pstrąga skropić sokiem z cytryny, posypać solą i pieprzem. Panierować
w mące, jajku, bułce tartej i smażyć 8–10 minut na rozgrzanym oleju.
Usmażoną rybę ułożyć na półmisku, polać miodem i posypać migdałami uprażonymi na suchej patelni.

Rozgrzewająca zupa rybna

1 kg karpia • 1 łyżka oliwy • 1 marchew • 1 pietruszka
• 1 seler korzeniowy (ok. 20 dag) • 2 cebule białe
• 2 ziarna ziela angielskiego • 1 liść laurowy
• 1 łyżka przecieru pomidorowego • 1 pęczek natki pietruszki
• sól, pieprz czarny mielony, papryka łagodna mielona

Karpia sprawić i podzielić na dzwonka, natrzeć solą i pieprzem. Marchew, pietruszkę i seler zetrzeć na tarce o dużych oczkach. Cebulę pokroić w talarki. Natkę drobno posiekać. Do dużego garnka włożyć głowę, ogon i skrzela ryby, liść laurowy, ziele angielskie i zalać 2 l wody. Doprowadzić do wrzenia, zmniejszyć ogień i gotować pod przykryciem, aż ryba rozpadnie się na kawałki. Nie uzupełniać wygotowanej wody. Przecedzony wywar przetrzeć, dodać oliwę, przecier pomidorowy. Doprawić do smaku solą, pieprzem i papryką. Całość ponownie doprowadzić do wrzenia. Do gotującej się zupy włożyć warzywa i kawałki ryby, gotować na wolnym ogniu około 15 minut. Wyjąć rybę i usunąć ości. Nakładać po 2 dzwonka karpia na talerz, zalewać gorącą zupą, posypać natką.

CYTATY, KTÓRE WARTO ZNAĆ

„Dobrze przemyślana kolacja jest jak crescendo, które zaczyna się delikatnymi nutami zupy, przechodzi w subtelne arpeggio przystawki, potem następuje kulminacja z fanfarami głównego dania, a finał wieńczą słodkie akordy deseru. Cały ten proces podobny jest do eleganckiego aktu miłosnego".
Isabel Allende

Sałatka zakochanych

1 gruszka • 1 pomarańcza • 1 jedno jabłko • 1 brzoskwinia • 1 banan
• 2 kiwi • 20 truskawek • 20 wypestkowanych wiśni • 2 szklanki winogron
• garść rodzynek • łyżeczka soku z cytryny
• szklanki czerwonych porzeczek lub pestek z granatu • 2 łyżki rumu

Banany i kiwi pokroić w plasterki, winogrona i truskawki na połówki
(część można zostawić w całości), a gruszkę, jabłko, pomarańczę i brzoskwinię w grubą kostkę. Owoce skropić sokiem z cytryny, dodać wiśnie
i rodzynki. Wszystkie składniki delikatnie wymieszać. Całość posypać
porzeczkami lub pestkami granatu i skropić rumem. Zamiast rumu można użyć ajerkoniaku lub likieru kokosowego.

Zupa zakochanych

1 kg dyni • 1 mały por • 1 ząbek czosnku
• 1 l bulionu warzywnego (z kostki) • 2 łyżki oliwy
• kawałek świeżego imbiru (około 3 cm) • sól, pieprz

Dynię o intensywnym pomarańczowym kolorze wypestkować i pokroić
na kawałki. Pokroić drobno białą część pora, podsmażyć na oliwie wraz
ze startymi na tarce imbirem i czosnkiem. Dodać dynię i podsmażać
krótko wszystkie składniki, cały czas mieszając. Zalać bulionem i gotować
15–20 minut, aż dynia będzie miękka. Zmiksować zupę na aksamitny
krem, przyprawić solą i pieprzem. Można udekorować natką pietruszki
i kleksem gęstej kwaśnej śmietany. Podawać z grzankami z serem.

MEKSYKAŃSKA
KUCHNIA MIŁOSNA

gue gue co yotl

el engañador
ganar

Kuchnia meksykańska uwodzi zmysły bogactwem smaków, intensywnych kolorów i mocnym aromatem przypraw. Wśród nich absolutnym numerem jeden jest chilli – najważniejszy dodatek do niemal wszystkich dań. Meksyk pachnie również czekoladą – to właśnie stąd pochodzi ten przysmak, znany pierwotnie w postaci napoju. Majowie i Aztekowie wierzyli, że kakao jest pokarmem bogów. Napojem z ziaren kakaowca raczyli się tylko przedstawiciele arystokracji. Używano go do celów religijnych, ale był także uznawany za znakomity afrodyzjak. Aztekowie pijali ciepłą czekoladę z dodatkiem miodu, wanilii i chilli.

Pozostając w kręgu meksykańskich inspiracji, warto sięgnąć po „Przepiórki w płatkach róży" autorstwa Laury Esquivel. To powieść o miłości i... jedzeniu. Jej bohaterka, Tita, najmłodsza z trzech sióstr, nie może poślubić swego wybranka, gdyż zgodnie z rodzinną tradycją ma obowiązek opiekowania się matką aż do śmierci. Odwzajemniający jej uczucie Pedro decyduje się poślubić starszą z sióstr, Rosaurę, by być blisko ukochanej. Tita, obdarzona niespotykanym talentem kulinarnym, nie mogąc jawnie okazać miłości, wyczarowuje dla ukochanego niezwykłe przysmaki. Warto dodać, że oryginalny tytuł powieści „Como aqua para chocolate" w dosłownym tłumaczeniu brzmi: „Jak woda na czekoladę" – hiszpański idiom „działać na kogoś jak woda na czekoladę" oznacza „budzić w kimś miłość i pożądanie"...

Huehuecoyotl (Xochiquetzal) – bóg ognia i rozkoszy, rysunek z kodeksu Telleriano-Remensis, XVI w.

Ciastka cynamonowe

½ szklanki cukru • ¼ szklanki syropu klonowego • 3 łyżki mleka
• 1 łyżeczka aromatu waniliowego • 2 szklanki mąki pszennej
• ½ szklanki kakao • 1 łyżeczka proszku do pieczenia
• ¼ łyżeczki soli • ½ łyżeczki pieprzu Cayenne
• szklanki grubego cukru • 1 łyżeczka cynamonu • ½ szklanki oleju

Wymieszać gruby cukier z cynamonem. W drugiej misce wymieszać olej, cukier, syrop i mleko. Dodać aromat waniliowy. Wsypać pozostałe składniki, mieszając podczas dodawania. Kiedy powstanie jednolite ciasto, formować kulki wielkości orzecha włoskiego, każdą obtoczyć w cukrze z cynamonem i spłaszczyć i układać na wyłożonych papierem blaszkach, stroną z cukrem do góry, w odległości około 3 cm od siebie. Piec 10–12 minut w piekarniku nagrzanym do 180°C.

Czerwone filety z indyka

4 filety z piersi indyka (ok. 1 kg) • 5 dag wędzonego boczku • 3 pomidory
• 3 ząbki czosnku • 2 czerwone papryki chilli • 2 łyżki soku z cytryny
• pęczek natki pietruszki • olej sól, pieprz czarny mielony

Mięso natrzeć solą, pieprzem i zmiażdżonymi ząbkami czosnku. W misce wymieszać obrane i pokrojone w kostkę pomidory, posiekaną natkę pietruszki, sok z cytryny, 3 łyżki oleju i pokrojoną w kostkę paprykę. Filety przełożyć do miski i zalać marynatą, dokładnie wymieszać. Wstawić pod przykryciem do lodówki na 2–3 godziny, od czasu do czasu obracając mięso. Na dużej patelni smażyć 5–7 minut na średnim ogniu pokrojony w kostkę boczek i mięso. Nagrzać piekarnik do 180°C. Do naczynia żaroodpornego nasmarowanego olejem włożyć mięso z boczkiem i podlać resztą marynaty. Wstawić do piekarnika, piec 40–60 minut, podlewając od czasu do czasu marynatą.

Fajitas z kurczakiem

1 papryka zielona • 1 papryka czerwona • 1 cebula biała
• 2 piersi kurczaka (ok. 50 dag) • 10 dag grubo startego żółtego sera
• sól, cukier, pieprz Cayenne, czosnek mielony • 4 tortille • olej

Cebule pokroić w piórka, papryki w wąskie paski. Na rozgrzany olej wrzucić cebulę, smażyć 4–5 minut, dodać paprykę i smażyć wszystko około
5 minut. Kiedy zaczną brązowieć, zdjąć z ognia. Filety pokroić w drobne
paski, przygotować mieszankę przypraw (po 2 szczypty) i obtoczyć w nich
mięso. Zostawić pod przykryciem w lodówce na około 30 minut, następnie smażyć na oleju 8–10 minut. Pod koniec dorzucić paprykę i cebulę
i smażyć 4–5 minut razem. Nałożyć farsz na tortille, posypać startym żół-
tym serem. Zwinąć w rulony. Włożyć na 4–5 minut do piekarnika nagrzanego do 180°.

Guacamole

2 awokado • 1 pomidor • 1 cebula • 1 zielona papryka chilli
• 1 łyżka soku z cytryny • po szczypcie czarnego pieprzu i soli

Cebulę obrać i posiekać. Paprykę chilli przekroić, oczyścić z pestek
i drobno pokroić. Pomidora sparzyć, obrać ze skóry i pokroić w drobną
kostkę. Awokado przekroić, usunąć pestki, miąższ wyjąć łyżeczką, przełożyć do miski, dodać sok z cytryny i utrzeć na gładką masę. Dorzucić
cebulę, paprykę chilli i pomidora. Wymieszać i doprawić do smaku
solą oraz pieprzem. Podawać ze świeżym pieczywem.

W MIŁOSNYM OGRODZIE

Owoce, Alfons Mucha, 1897

Miłosne owoce

Ananas – by przyrządzić miłosną przystawkę z ananasa, wystarczy pokroić owoc w kostki, dodać odrobinę chilli, miodu i białego wina.

Granat – owoc poświęcony Afrodycie (podobnie jak pigwa i jabłko), symbol płodności i miłości. Jego piękne przypominające klejnoty rubinowe ziarenka są apetycznym dodatkiem do sałatek, mięs i lodów.

Pigwa – warto wypróbować w wersji po turecku: owoce piec w piekarniku około godziny, następnie przekroić, usunąć pestkę, na każdą połówkę położyć odrobinę masła, posypać cukrem i zapiec.

Brzoskwinia – już samo dotknięcie jej delikatnie zamszowej skóry wywołuje przyjemny dreszczyk. Pewnie dlatego we Francji jedną z jej odmian nazwano „piersią Wenus". Znakomite są brzoskwiniowe sorbety, musy i sałatki.

Daktyle – Ze świeżych owoców można przygotować miłosne tapas: usunąć pestkę, na jej miejsce włożyć migdał, owinąć owoc cienkim plasterkiem szynki, spiąć wykałaczką i zapiec na rumiano w piekarniku.

Banan – cieszy się sławą afrodyzjaku głównie ze względu na falliczny kształt. Jako danie miłości serwuje się pieczone banany w gorącej polewie czekoladowej, ze szczyptą wanilii i chilli.

Gruszka – Ma piękny kobiecy kształt, wspaniały smak i kuszący zapach. Świetna na miłosny deser. Należy ją obrać, pozostawiając ogonek i gotować około 15 minut na małym ogniu w słodkim białym winie (można także w czerwonym, owoc zabarwi się wówczas na różowo). Następnie ustawić na talerzu i oblać roztopioną gorzką czekoladą (pół tabliczki).

Truskawki – nazywane frywolnie sutkami Wenus, w erotycznym kodeksie oznaczają zaproszenie do miłości. Z szampanem uchodzą za wyrafinowany afrodyzjak.

Miłosne warzywa

Na początek coś, co nie wymaga sztućców (w pewnych sytuacjach jedzenie palcami okazuje się bardzo zmysłowe), czyli karczochy. Jada się je powoli, odrywając listek po listku i zanurzając je w sosie z oliwy, cytryny, soli i pieprzu. Palcami można także jeść szparagi i małe koktajlowe pomidorki. Mało kto podejrzewa fasolę o afrodyzjakalne właściwości. A jednak przyrządzana z niej zupa cieszyła się niegdyś sławą zupy miłosnej – do tego stopnia, że w XVII wieku w niektórych klasztorach wycofano ją z jadłospisu. Kwiat fasoli symbolizował seksualną rozkosz. Za afrodyzjak uchodzi także rzeżucha, Rzymianie nazywali ją „bezwstydnikiem", co jest wystarczającą rekomendacją. Podobnie działają liście szpinaku. Na koniec cebula i czosnek – afrodyzjaki cenione od tysiącleci, które ze względu na zapach najlepiej jadać z drugą połową.

OWOCE MORZA

Uchodzą za afrodyzjaki w kuchniach niemal wszystkich kultur. Do najpopularniejszych należą krewetki, kraby, langusty i inne skorupiaki; jada się je gotowane lub smażone. Ostrygi, małże i omułki można jeść na surowo z cytryną, a także w zupach, duszone i pieczone. Kalmary przyrządza się na wiele sposobów: smaży, gotuje, nadziewa, dodaje do sałatek. Przegrzebki (wenery) mają delikatne białe mięso; można nim nadziewać ich efektowne muszle (właśnie na jednej z nich wyłoniła się z morza Wenus).

Krewetki w mleku kokosowym

25 dag krewetek tygrysich • 25 dag pędów bambusa w zalewie
• 1 papryka chilli czerwona • 1 ząbek czosnku • ½ limonki
• 1 łyżka masła • 2 łyżki oleju • 2 łyżki mleka kokosowego
• 1 łyżeczka papryki łagodnej mielonej
• ½ łyżeczki imbiru mielonego • 1 łyżeczka curry

Oczyszczone krewetki umyć. Olej i masło rozgrzać na patelni, dodać posiekany czosnek i krewetki. Smażyć 1–2 minuty. Odcedzone pędy bambusa wrzucić na patelnię. Dodać posiekaną drobno połówkę papryki chilli (bez nasion). Doprawić papryką mieloną oraz curry i imbirem. Wlać mleko kokosowe i dusić razem około 10 minut. Skropić sokiem z limonki i posolić do smaku.

Kurczak w sosie curry

1 filet z piersi kurczaka (ok. 25 dag) • 15 dag pora • 1 łyżeczka curry
• ½ szklanki białego wytrawnego wina • 1 szklanka wywaru z warzyw
• ½ szklanki śmietany 30% • 1 jabłko • 2 mandarynki • oliwa
• sól, pieprz czarny mielony

Mięso pokroić na kawałki i smażyć 5–7 minut na oliwie. Przyprawić solą i pieprzem, zdjąć z patelni. Pory pokroić w cienkie plasterki i smażyć 4–5 minut na pozostałym po smażeniu mięsa tłuszczu z dodatkiem curry. Wino, bulion i śmietanę wymieszać, dodać do mięsa i dusić około 10 minut. Obrać owoce, jabłko pokroić w cienkie plasterki, mandarynki podzielić na cząstki. Dodać do mięsa pory i owoce, dusić wszystko około 10 minut.

Melon po meksykańsku

1 melon (ok. 50 dag) • 4 łyżki miodu • 10 liści mięty
• 2 szczypty suszonego lubczyku • 2 szczypty mielonego kardamonu
• 2 szczypty papryki chilli mielonej • sok z 1 cytryny

Melona obrać ze skórki, przekroić, usunąć pestki, miąższ pokroić w grube plastry. Sok z cytryny wymieszać z miodem, lubczykiem, kardamonem, papryką chilli i posiekaną miętą. Podgrzewać delikatnie 5–7 minut w kąpieli wodnej. Powstałym w ten sposób sosem skropić obficie melona.

Moc Montezumy

10 dag czekolady gorzkiej • 2 szklanki mleka • ½ szklanki śmietany 30%
• 2 łyżeczki cukru pudru • 1 szczypta cynamonu • 1 szczypta chilli

Czekoladę połamać na kawałki. Do rondla wlać mleko i śmietanę, wymieszać. Postawić na niewielkim ogniu i, ciągle mieszając, doprowadzić do wrzenia. Zdjąć z ognia. Dodać czekoladę, cukier, cynamon i chilli. Dokładnie wymieszać. Podgrzewać na niewielkim ogniu 4–5 minut (nie gotować), mieszając od czasu do czasu. Rozlać do filiżanek i podawać na gorąco.

BOSKI NAPÓJ

Montezuma, władca Azteków, nazywał czekoladę boskim napojem, który zwiększa wytrzymałość i zwalcza zmęczenie. To właśnie Aztekom napój ten zawdzięcza sławę afrodyzjaku. Montezuma przed wizytą w haremie wypijał solidną porcję czekolady. Raczył się nią również słynny Casanova (zamiast szampana).

Salsa z awokado

2 awokado • 2 łyżki soku z limonki • 1 łyżeczka oliwy
• 1 cebula szalotka • 1 szklanka nachosów • sól

Awokado obrać usunąć pestki, pokroić w drobną kostkę i dokładnie utrzeć, dodając sok z limonki i szczyptę soli. Cebulę pokroić drobno i dodać do utartej masy, delikatnie skropić oliwą i wymieszać. Podawać z nachosami.

MĘSKIE DRZEWO
Aztekowie nazywali awokado *ahuacuatl*, czyli „drzewem jąder"
– owoce, często rosnące w parach, rzeczywiście nasuwają
anatomiczne skojarzenia. W Meksyku, na Jukatanie, mężczyźni
święcie wierzą we właściwości awokado, zwłaszcza w magiczną moc
drzemiącą w ich pestkach.

Sałatka z ziołami i miodem

1 główka sałaty rzymskiej • 5 łyżek oliwy • 3 łyżki wody mineralnej
• 2 ząbki zmiażdżonego czosnku • 1 łyżka posiekanej bazylii
• 1 łyżka posiekanego tymianku • 2 szczypty suszonego kardamonu
• 2 szczypty suszonego imbiru • 2 szczypty mielonego imbiru
• sok z 1 cytryny • 1 łyżeczka miodu • sól, pieprz czarny mielony

Sałatę umyć, osączyć, porwać na kawałki i przełożyć do salaterki. Oliwę wymieszać z wodą mineralną, miodem, zmiażdżonym czosnkiem, sokiem z cytryny. Dodać zioła, doprawić do smaku solą i pieprzem. Wymieszać. Polać sałatę i natychmiast podawać, aby pozostała chrupiąca.

Zupa meksykańska

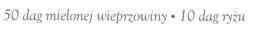

50 dag mielonej wieprzowiny • 10 dag ryżu
• 1 puszka czerwonej fasoli (30 dag)
• 1 puszka białej fasoli w sosie pomidorowym (30 dag)
• 3 szklanki soku pomidorowego • 1 papryka żółta • 1 papryka czerwona
• 3 ziemniaki • 4 ząbki czosnku • 1 cebula czerwona • olej • sól, cukier,
pieprz czarny mielony, papryka ostra mielona, papryka chilli mielona, gałka
muszkatołowa mielona, tymianek suszony, rozmaryn suszony

Posiekaną cebulę smażyć 3–4 minuty na oleju, dodać mięso, smażyć jeszcze 4–5 minut. W trakcie smażenia dodać czosnek przeciśnięty przez praskę. Przełożyć wszystko do dużego garnka, dodać ryż, ziemniaki pokrojone w kostkę, zalać gorącą wodą w takiej ilości, aby przykryć składniki i doprowadzić do wrzenia. Po 15–20 minutach dodać papryki (oczyszczone z nasion) pokrojone w kostkę i sok pomidorowy, następnie fasolę z sosem pomidorowym i osączoną fasolę czerwoną. Gotować na małym ogniu 5 minut. Doprawić solą, pieprzem, papryką gałką, ziołami.

HISZPAŃSKA
KUCHNIA MIŁOSNA

*H*iszpania kojarzy się z radosna fiestą, zmysłowym flamenco, corridą i słynnym pożeraczem damskich serc – Don Juanem. Słynny hiszpański temperament to z pewnością zasługa kuchni – zdrowej, kolorowej, pachnącej oliwkami i pomarańczami, przesyconej południowym słońcem, zróżnicowanej w zależności od regionu i wzbogaconej wpływami wielu kultur.

Romantyczny wieczór w hiszpańskim stylu można rozpocząć już w kuchni – od wspólnego przygotowania *tapas*. Hiszpanie uwielbiają te niewielkie apetyczne przekąski, znakomite do lampki wina. Pomysłów na *tapas* jest nieskończenie wiele – serwowane na ciepło lub na zimno, mogą być słodkie i wytrawne, łagodne i pikantne. Koreczki anchois, różne rodzaje oliwek (także faszerowanych papryką czy serem), pomidorki koktajlowe z mozzarellą, różne gatunki sera pokrojone w kostkę, marynowane lub grillowane warzywa, smażone owoce morza – to zaledwie kilka propozycji. Właściwie wszystko zależy tu od inwencji i wyobraźni.

Romantyczna hiszpańska kolacja powinna mieć odpowiednią oprawę – blask świec, ciepłe, żywe kolory, kwiaty i odpowiednia muzyka. Warto mieć w zanadrzu składankę nastrojowych hiszpańskich gitarowych ballad, a także nagrania flamenco (niewykluczone, że po romantycznej kolacji przyjdzie czas na taniec...). Jak twierdzą miłośnicy i znawcy, flamenco to coś więcej niż choreografia i śpiew – flamenco, to uczucia. A skoro o nich mowa, jeśli ktoś chciałby wyznać miłość w języku Miguela Cervantesa, Antonia Banderasa i Penelope Cruz, powinien powiedzieć *yo te quiero* lub *yo te amo*.

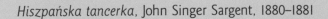

Hiszpańska tancerka, John Singer Sargent, 1880–1881

Churros z dipem czekoladowym

Churros: *5 dag cukru • 2 łyżeczki cynamonu*
• ¾ szklanki mąki pszennej
• 1 łyżeczka proszku do pieczenia • 1 łyżka oliwy • 1 szklanka wody
• 2 szklanki oleju
Sos czekoladowy: *10 dag gorzkiej czekolady • 2,5 dag mlecznej czekolady*
• 1 łyżka miodu • ½ szklanki śmietany 30%

Wymieszać cukier z cynamonem w szerokim, płytkim naczyniu i odstawić. Roztopić w rondlu czekoladę (na małym ogniu). Wymieszać w misce mąkę z proszkiem do pieczenia i utrzeć ją z oliwą i wrzącą wodą. Mieszać, aż powstanie ciepłe, lepkie ciasto, po czym odstawić je na 10 minut. W niewielkim rondlu podgrzać olej do smażenia. Napełnić ciastem szprycę i wyciskać do gorącego oleju kawałki ciasta długości około 8 cm. Smażyć po 3–4 minuty, a gdy zarumienią się na złoto, wyciągać łyżką cedzakową i kłaść na blaszce wyłożonej papierowym ręcznikiem. Obtoczyć w cukrze z cynamonem.

Daktyle faszerowane chorizo

1 kiełbasa chorizo (ok. 30 dag) • 12 świeżych
daktyli, obranych ze skórki
• 12 plastrów wędzonego boczku • 2 łyżki mąki
pszennej • 1 jajko
• 1 szklanka bułki tartej • olej

Daktyle naciąć wzdłuż, wyjąć pestki, a w ich miejsce włożyć kawałki chorizo. Daktyle zawinąć w plastry boczku i obtoczyć w mące, jajku, bułce. Smażyć 4–5 minut w głębokim oleju. Osączyć na papierowym ręczniku.

Figi grillowane

12 świeżych fig • 1 strąk wanilii • 10 dag białego koziego sera
• 1 szklanka śmietany 30% • 2 łyżki cukru • 5 dag czekolady gorzkiej

Małym, ostrym nożykiem naciąć wzdłuż strąk wanilii, wybrać miąższ i dokładnie utrzeć w miseczce z kozim serem. Śmietanę ubić z cukrem na sztywny krem i wymieszać z serem. Odstawić do lodówki na 30 minut, aby stężał. Ostrym nożem głęboko naciąć figi na krzyż i rozłożyć jak kwiaty. Połamać czekoladę na 12 kawałków. Wcisnąć po kawałku czekolady w środek każdej figi i grillować owoce 5 minut w niskiej temperaturze, aż czekolada się roztopi, a figi będą gorące. Podawać na talerzykach po 2 gorące figi udekorowane kremem z sera.

Hiszpańska tortilla

6 jajek • ½ brokułu (ok. 50 dag) • 1 papryka chilli czerwona
• ½ szklanki startego sera manchego • 1 ząbek czosnku
• 1 łyżka nasion słonecznika • 1 łyżka płatków migdałowych
• ½ łyżeczki papryki ostrej mielonej • oliwa • sól, pieprz czarny mielony

Brokuł podzielić na różyczki, umyć i gotować na parze 5–6 minut. Na suchej patelni prażyć 2–3 minuty ziarno słonecznika i płatki migdałów. Do miski wybić jajka. Papryczkę chilli drobno posiekać z nasionami i wrzucić do jajek. Czosnek obrać, przecisnąć przez praskę i wrzucić do jajek. Dodać ser, sól, pieprz i lekko posiekany brokuł oraz słonecznik i migdały. Masę jajeczną wymieszać. Na patelni rozgrzać oliwę. Wylać jajka, przykryć i smażyć na wolnym ogniu 10 minut, aż wierzch tortilli się zetnie. Ser manchego można zastąpić parmezanem.

SERCE Z MARCEPANA

Prażone mielone migdały z cukrem i dodatkiem olejku migdałowego są głównym składnikiem marcepana – plastycznej masy, z której można formować serduszka i inne słodkie przysmaki o najbardziej wyrafinowanych kształtach, w lukrowej lub czekoladowej polewie. Wystarczy uruchomić fantazję i zaufać zmysłom.

Makaron z owocami morza

30 dag makaronu wstążki • 10 dag oliwek czarnych (bez pestek)
• 40 dag krewetek koktajlowych • 1 czerwona papryka chilli
• 2 łyżki suszonego oregano • 6 łyżek oliwy • 4 ząbki czosnku • 4 pomidory
• sól, pieprz czarny mielony

Posiekać oliwki i czosnek. Obrać pomidora ze skórki i pokroić w kostkę. Obrać i pokroić krewetki. Gotować 30–40 minut wywar, wykorzystując głowy i muszle krewetek. Na przecedzonym wywarze ugotować makaron. Na patelnię wlać odrobinę oliwy. Na małym ogniu smażyć 4–5 minut czosnek i paprykę chilli (bez nasion). Dodać oregano i pomidory. Całość smażyć 5 minut. Następnie dodać krewetki i oliwki. Doprawić solą i pieprzem. Smażyć 5 minut. Odcedzony makaron wymieszać z krewetkami.

 # Mule z oliwkami

50 dag muli • 10 dag makaronu wstążki
• 10 oliwek zielonych (bez pestek) • ½ szklanki soku pomidorowego z puszki
• ¼ szklanki wina białego wytrawnego • 3 ząbki czosnku
• 1 cebula szalotka • 1 czerwona papryka chilli • 1 łyżka imbiru mielonego
• ½ pęczka natki pietruszki • ½ łyżki sosu rybnego łagodnego
• sól, pieprz czarny mielony

Makaron ugotować *al dente*. Do dużego garnka wlać oliwę, dodać posiekany czosnek, pokrojoną paprykę (bez nasion), imbir, drobno posiekaną szalotkę i smażyć 4–5 minut. Wlać wino, sok pomidorowy, doprawić sosem rybnym, solą i pieprzem. Wrzucić dokładnie umyte mule i gotować 5 minut, aż się pootwierają. Dodać pokrojoną natkę pietruszki i wszystko wymieszać. Mule, które się nie otworzą, wyrzucić. Na talerzu układać makaron, polać sosem, a na wierzchu ułożyć mule. Udekorować oliwkami.

Paella z owocami morza

30 dag białego ryżu • ząbek czosnku • szczypta suszonego szafranu
• 2 łyżki oliwy • szklanka białego wytrawnego wina • 30 krewetek
• 10 małży • 4 szklanki wywaru z warzyw • 2 cebule szalotki
• 3 łyżki natki pietruszki, posiekanej • ½ łyżeczki mielonej ostrej papryki

Krewetki sparzyć wrzątkiem. Ryż opłukać, osączyć i odstawić. Rozgrzać oliwę, wrzucić 1 posiekaną szalotkę, czosnek i krewetki. Smażyć około 5 minut, zdjąć z patelni i odłożyć. Na patelnię dodać ryż i smażyć 4–5 minut, cały czas mieszając. Wlać ½ szklanki wina i gotować około 10 minut, aż płyn się zredukuje o połowę. Wlać bulion, dodać szafran oraz paprykę. Zmniejszyć ogień i gotować około 15 minut. Do małego garnka wlać ¼ szklanki białego wina i 1 posiekaną szalotkę, wrzucić zamknięte małże i dusić pod przykryciem około 7 minut. Otwarte małże wrzucić na patelnię i gotować kolejne 10 minut. Podawać na patelni, z natką pietruszki.

Sałatka owocowa z kremem hiszpańskim

3 kiwi • 2 pomarańcze • 20 dag czerwonych porzeczek • 15 dag jagód
• 20 dag masła • 2 łyżki mąki pszennej • 6 żółtek • 1 szklanka cukru
• 1 cukier wanilinowy

Z mąki i połowy masła zrobić białą zasmażkę, wlać zimne mleko, zagotować, stale mieszając i zmiksować na gładką masę. Dodać cukier i, nadal mieszając, ponownie zagotować. Krem wystudzić, następnie – miksując go – dodawać na przemian resztę masła, żółtka i cukier wanilinowy. Porzeczki i jagody przebrać, umyć i osączyć. Kiwi obrać i pokroić w plasterki, pomarańcze obrać i ostrym nożem wyciąć spośród błonek cząstki miąższu. W pucharkach układać owoce, przekładając je kremem.

Sałatka brokułowa z awokado

½ brokułu (ok. 50 dag) • 20 dag sera mozzarella
• ½ czerwonej cebuli • 1 awokado
Sos: *½ pęczka posiekanej natki pietruszki • 3 łyżki oliwy*
• ¼ łyżeczki pieprzu kolorowego mielonego

Brokuł gotować 30–40 minut w osolonej wodzie, następnie osączyć i podzielić na różyczki. Ser pokroić w kostkę. Cebulę obrać i pokroić w piórka. Awokado przekroić, wypestkować i wydrążyć miąższ. Wymieszać brokuł, ser, cebulę i miąższ awokado. Wymieszać wszystkie składniki sosu, odstawić na 10 minut, następnie polać sałatkę.

Sałatka z cykorii

6 kolb cykorii • 3 pomidory • sok z ½ cytryny • 1 cebula czerwona
• 1 puszka tuńczyka w sosie własnym (ok. 15 dag)
• 5 dag oliwek czarnych (bez pestek)
• 1 puszka kolb kukurydzy małych (ok. 25 dag) • 3 łyżki oliwy
• 3 ząbki czosnku • sól, cukier, pieprz biały mielony

Czosnek obrać, opłukać, przecisnąć przez praskę. W misce wymieszać oliwę, czosnek, łyżkę soku z cytryny, szczyptę cukru, soli i pieprzu. Cykorię umyć, oczyścić, osuszyć, wyciąć głąby, listki pokroić w cienkie piórka i skropić sokiem z cytryny. Pomidory umyć, pokroić w grubą kostkę. Cebulę obrać, opłukać, osuszyć, pokroić w piórka. Kolby kukurydzy osączyć i pokroić w grube talarki. Tuńczyka osączyć i rozdrobnić widelcem. Wszystkie składniki wymieszać w salaterce. Podawać natychmiast po przyrządzeniu.

Sałatka z selerów

50 dag selera naciowego • 4 białe cebule • ½ szklanki oliwy
• 10 orzechów włoskich (bez skórek) • sok z ½ cytryny
• sól, pieprz czarny mielony

Obrane selery włożyć do wrzącej, osolonej wody, ugotować i odcedzić, a gdy przestygną, pokroić w cienkie półplasterki i ułożyć na półmisku. Cebulę obrać, drobno posiekać i utrzeć z oliwą, dodając w czasie ucierania sok z cytryny, sól i pieprz. Selery polać przygotowanym sosem i posypać posiekanymi orzechami włoskimi.

Taco z papryką i kawiorem

25 dag papryki grillowanej w oliwie (bez skórek) • 5 dag czarnego kawioru
• 4 tortille • sól, pieprz czarny mielony

Paprykę wyjąć z zalewy i osuszyć na papierowym ręczniku, a następnie
bardzo drobno posiekać nożem. Doprawić do smaku czarnym pieprzem
i tak przygotowaną masą smarować tortille, wierzch ozdobić kawiorem.

ŻYDOWSKA
KUCHNIA MIŁOSNA

Kuchnia żydowska, oryginalna i zróżnicowana, łączy tradycje wielu rejonów geograficznych, co wynika z rozproszenia Żydów po całym świecie. Swą odrębność zawdzięcza przede wszystkim ścisłemu powiązaniu z nakazami religijnymi zawartymi w Talmudzie. Kuchnia żydowska chętnie korzysta z orzechów, migdałów, rodzynek i miodu, który dodaje się nie tylko do słodkich deserów i wypieków, ale również do mięs i ryb. Jest to kuchnia bogata w przyprawy, także i te działające pobudzająco, jak gałka muszkatołowa, goździki, szafran i cynamon.

Zaprezentowane w tym rozdziale propozycje kulinarne to zaledwie skromny wybór z przebogatego zbioru przepisów. Z pewnością jednak uda się dzięki nim przygotować oryginalną kolację dla dwojga. Warto zaaranżować przy tym odpowiedni nastrój – podkreśli go blask świec, a w tle przeżywająca w ostatnich latach renesans klezmerska muzyka. Nie brakuje w niej nostalgicznych, przepojonych liryzmem ballad.

Pozostając w kręgu żydowskich tradycji, nie sposób nie przywołać jednego z najpiękniejszych utworów poświęconych miłości, jakie kiedykolwiek powstały. Mowa o starotestamentowej, napisanej po hebrajsku „Pieśni nad pieśniami", zawierającej pełne erotycznego napięcia wyznania kochanków. Znajdziemy tam sugestywne, odwołujące się do wszystkich zmysłów opisy, wyrafinowane metafory i intensywne emocje związane z wszelkimi aspektami miłości i namiętności. Jeśli ktoś chciałby sobie przypomnieć, jak pięknie można mówić o uczuciu, powinien sięgnąć po rozpisaną na głosy „Pieśń nad pieśniami".

Żydówka, Charles Landelle, 1908

Ashourah

1 szklanka rodzynek, posiekanych • 2 szklanki cukru • ¼ szklanki wody
¾ szklanki orzechów włoskich, posiekanych (bez skórek)
• 2 szklanki ryżu białego • 1 łyżeczka olejku migdałowego
• 1 łyżeczka cynamonu mielonego • sól

Cukier, rodzynki i wodę gotować 10 minut, zestawić, wymieszać z uprażonymi na suchej patelni orzechami. Ryż gotować 15–20 minut w lekko osolonej wodzie, osączyć. Wymieszać z rodzynkami i orzechami, odstawić do wystudzenia. Dodać olejek migdałowy i cynamon. Układać na talerzykach, przybierać połówkami orzecha.

Charoset

1 jabłko • 5 dag orzechów włoskich (bez skórek)
• 5 dag blanszowanych migdałów • 5 dag rodzynek • 1 łyżka miodu
• 5 łyżek wina czerwonego słodkiego • 1 łyżka soku z cytryny

Posiekać drobno orzechy i migdały, zetrzeć obrane jabłka na tarce o dużych oczkach i skropić cytryną, żeby nie ściemniały. Wymieszać składniki i odstawić do lodówki na 1–2 godziny. Udekorować pestkami granatu.

Huevos hamin

8 jajek • pęczek włoszczyzny (bez kapusty) • 2 cebule białe
• 5 ziaren pieprzu czarnego • 5 ziaren pieprzu białego
• ¼ łyżeczki kminu rzymskiego mielonego • 2–3 łyżki majonezu
• 10 dag orzechów włoskich (bez skórek) • sól, pieprz biały mielony

Jajka zagotować z pokrojoną włoszczyzną, podzieloną na ćwiartki cebulą, pieprzem ziarnistym, zielem angielskim i kminem. Zmniejszyć ogień do minimum, uszczelnić garnek folią aluminiową i gotować 4 godziny. Jajka powinny zbrązowieć. Po wystudzeniu obrać je i przekroić na pół. Żółtka zmiksować z majonezem, doprawić do smaku solą i białym pieprzem. Masę nałożyć łyżeczką na połówki białek. Na wierzch kłaść uprażoną połówkę orzecha włoskiego.

Kawior po żydowsku

40 dag wątróbek drobiowych • 4 cebule białe • 5 łyżek oleju
• 3 jajka na twardo • 3 łyżeczki majonezu • 1 pęczek szczypiorku
• 1 pęczek koperku • 3 ogórki konserwowe • maca
• sól, pieprz czarny mielony

Wątróbki piec 4–5 minut na patelni na rozgrzanym oleju. Następnie zalać zimną wodą i gotować 10 minut od momentu, gdy woda zacznie wrzeć. Drobno posiekany szczypiorek, ugotowane, posiekane jajka i 1 cebulę, wrzucić do salaterki. Posiekać pozostałe cebule i smażyć 4–5 minut, aż będą złote. Po przestudzeniu dodać do salaterki wraz z drobno posiekaną przestudzoną wątróbką. Przyprawić do smaku solą i pieprzem, dodać majonez. Dokładnie wymieszać i wstawić do lodówki na minimum godzinę. Podawać z macą, ogórkami i posiekanym koperkiem.

Kugel

3 jajka • ¼ szklanki margaryny lub masła • ¼ szklanki cukru
• ½ łyżeczki cynamonu • 20 dag makaronu wstążki • ¼ szklanki rodzynek
• ¼ szklanki migdałów • ½ szklanki jabłek • 2 szczypty imbiru
• 2 szczypty kardamonu

Ubić dokładnie jajka w dużej misce. Dodać masło, cukier i cynamon, dokładnie wymieszać. Ugotować makaron, przelać zimną wodą, osączyć, dodać do jajek i wymieszać. Wstawić do lodówki na 15–30 minut. Połowę masy włożyć do żaroodpornego naczynia. Posypać rodzynkami, migdałami, plasterkami jabłek, imbirem i kardamonem. Resztę masy rozłożyć na wierzchu. Piec 30–45 minut w piekarniku nagrzanym do 220°C, aż jajka się zetną, a makaron na wierzchu będzie chrupiący. Danie można podawać na ciepło lub zimno.

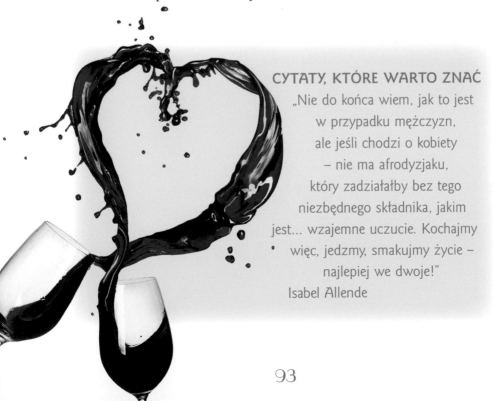

CYTATY, KTÓRE WARTO ZNAĆ

„Nie do końca wiem, jak to jest w przypadku mężczyzn, ale jeśli chodzi o kobiety – nie ma afrodyzjaku, który zadziałałby bez tego niezbędnego składnika, jakim jest... wzajemne uczucie. Kochajmy więc, jedzmy, smakujmy życie – najlepiej we dwoje!"
Isabel Allende

ORIENTALNA
KUCHNIA MIŁOSNA

Orient, czyli kultura Bliskiego, Środkowego i Dalekiego Wschodu, kojarzy się ze światem egzotycznych zapachów, bogactwem kolorów i deseni, pełnymi przepychu pałacami sułtanów i cesarzy, tajemniczymi zakamarkami haremu i pięknymi odaliskami. Egzotyka i tajemniczość Wschodu od dawien dawna rozpalały wyobraźnię zachodniego świata, przywodząc na myśl sceny z „Baśni tysiąca i jednej nocy". Kultura Orientu zrodziła także „Kamasutrę", czyli „Traktat o Miłowaniu". Kama to hinduski bóg miłości i erotyzmu. Przedstawiano go jako pięknego młodzieńca uzbrojonego w łuk i strzały z kwiatów. Wbrew utartym stereotypom „Kamasutra" to coś więcej niż katalog erotycznych pozycji i wskazówek. Podpowiada, jak oczarować partnera, tworząc zmysłowy nastrój, używając odpowiednich słów, gestów, zapachów czy przysmaków. Wspólna lektura staroindyjskiego dzieła może zatem zadziałać jak afrodyzjak. A skoro o nim mowa – orientalna kuchnia pełna jest składników, którym przypisuje się moc ożywiania zmysłów. Należą do nich: mleko kokosowe, sezam, curry, gałka muszkatołowa, cynamon i chilli. Cenione są również potrawy z bakłażana nazywanego „gruszką miłosną" czy dania z owoców morza i ryb. Warto wspomnieć o kuchni arabskiej słynącej z aromatycznych słodkich deserów z dodatkiem fig, daktyli, sezamu czy migdałów. Do wielu potraw dodaje się również cynamon, anyż i orzechy, które dzięki wartościom odżywczym szybko regenerują organizm i podnoszą nastrój.

Kąpiel w haremie, Ernst Rudolph (1854–1932)

Arabska sałatka owocowa

4 pomarańcze • 2 łyżki fig suszonych • 2 łyżki daktyli suszonych
• 8 sztuk moreli suszonych • 2 łyżki płatków migdałów
• 3 łyżki listków świeżej mięty • 1 laska cynamonu • 2 gwiazdki anyżu
• 5 goździków • 2 łyżki miodu • 1 szklanka wody

Pomarańcze obrać ze skóry i białych błonek, podzielić na cząstki. Daktyle i figi sparzyć, osuszyć i pokroić w plastry. Migdały prażyć 2–3 minuty na suchej patelni. Miętę posiekać. Morele zalać wrzątkiem, osuszyć i pokroić w paski. Do rondla wlać wodę, dodać miód, goździki, laskę cynamonu i anyż. Całość podgrzewać na niewielkim ogniu 8–10 minut. Usunąć z syropu przyprawy. Suszone owoce wymieszać z migdałami i miętą, a następnie zalać przestygniętym syropem. W salaterkach ułożyć filety pomarańczy, a na nich mieszankę suszonych owoców w syropie.

MIGDAŁOWE NUTY
Migdały to najbardziej zmysłowy składnik oszałamiających arabskich słodyczy. Według starożytnych mitów Azji Mniejszej, powstały z genitaliów Cibeles – bogini płodności, natury i urodzajów – być może stąd wzięła się ich sława afrodyzjaków – zapach migdałów ma pobudzać zmysły i podgrzewać atmosferę.

Banany w cieście

2 banany • 20 dag mąki pszennej • 1 szklanka mleka kokosowego
• 10 dag mąki ziemniaczanej • 1 łyżka wiórków kokosowych • 10 dag cukru
• 1 łyżeczka skórki startej z limonki • 1 łyżka sezamu

Przygotować ciasto: wymieszać mleko kokosowe, mąkę, wiórki kokoso-we, cukier, skórkę z limonki. W woku rozgrzać olej. Banany pokrojone w 5-centymetrowe kawałki panierować w mące ziemniaczanej, a następ-nie w cieście. Wrzucać na rozgrzany tłuszcz, po czym smażyć 3–4 minuty na złotobrązowo. Posypać ziarnami sezamu.

Ciasteczka ma'amoul

Ciasto: *25 dag masła, roztopionego • ½ szklanki mleka*
• 75 dag mąki pszennej • ¼ szklanki cukru
• 3 łyżki soku pomarańczowego
• 2 łyżeczki przyprawy mahlep mielonej
Nadzienie daktylowe: *20 dag daktyli świeżych (bez pestek) • 2 łyżki oliwy*
• 1 łyżka nasion sezamu • szczypta kardamonu mielonego
Nadzienie orzechowe: *20 dag orzechów pistacjowych, posiekanych*
• ½ szklanki cukru • 5 łyżek wody różanej

Nadzienie daktylowe: daktyle zemleć, dodać olej, przyprawy, sezam, zagnieść jednolitą masę i utoczyć z niej kuleczki wielkości orzecha laskowego. Nadzienie orzechowe: wymieszać drobno posiekane orzechy z cukrem i wodą różaną. W misce wymieszać wszystkie składniki na ciasto. Przykryć ściereczką i pozostawić na co najmniej 3 godziny, następnie wyłożyć ciasto na stolnicę i zagniatać 5 minut. Uformować kulki wielkości orzecha laskowego. Na desce rozpłaszczyć kulkę ciasta, włożyć w nią kulkę nadzienia z daktyli lub orzechów. Ciasteczka układać na wyłożonych papierem blaszkach. Nie rosną, więc można je układać dość ciasno. Wstawić do piekarnika nagrzanego do 180°C na 20–25 minut, aż do zrumienienia ma'amouli. Wystudzić, posypać cukrem pudrem.

Ciasteczka sezamowe

1 szklanka pasty sezamowej tahini • 3 szklanki mąki pszennej
• 2 łyżeczki proszku do pieczenia • 1 szklanka cukru pudru • 20 dag masła
• 2 łyżki wody • 2 łyżki ziaren sezamu

Wszystkie składniki wymieszać mikserem lub ręcznie do uzyskania jednolitej masy. Formować kulki wielkości orzecha włoskiego, każdą spłaszczyć. Każde ciasteczko posypać odrobiną sezamu, przyklepać, ułożyć na blaszkach wyłożonych papierem do pieczenia. Piec około 15 minut w piekarniku nagrzanym do 180°C, do uzyskania złotego koloru. Znakomicie smakuje z mocną herbatą.

Krem czosnkowy tuom

5 ząbków czosnku • ½ łyżeczki soli • ¾ szklanki oliwy • 1 białko
• sok z ½ cytryny • 3 łyżki wody gazowanej

Zmiażdżyć czosnek z odrobiną soli. Dodać białko i miksować do uzyskania piany. Małymi porcjami wlewać oliwę. Miksować na średnich obrotach. Pod koniec dodać sok z cytryny oraz wodę gazowaną, która sprawi, że sos nabierze kremowej konsystencji.

MIŁOŚĆ, WINO I KWIATY

Mówi się, że najlepszym afrodyzjakiem jest miłość, a także, że zakochani mają codziennie święto. Niemniej w roku kalendarzowym jest kilka dni szczególnych – należą do nich rocznice, urodziny czy imieniny partnera, a także walentynki. Te wyjątkowe dni uświetnia najczęściej kolacja we dwoje, romantyczny spacer, nastrojowa muzyka, a także kwiaty czy upominki. Program wieczoru we dwoje zależy od inwencji, można też zdać się na całkowitą improwizację, ale nawet wtedy warto pomyśleć o istotnych szczegółach, jak odpowiednie menu czy kwiaty.

CO Z CZYM?

Do owoców morza i ryb pasuje lekkie białe wino: mocniejsze białe można podać do chudego drobiu, cielęciny i tłustych ryb. Lekkie czerwone wino podaje się do baraniny, wołowiny, wieprzowiny, włoskich makaronów, warzyw i tłustego drobiu.

Mocne czerwone wino pasuje do dziczyzny, tłustego czerwonego mięsa i gulaszów. Do deski serów najlepiej podać mocne czerwone wino. Do lekkich kolacji i na pikniki świetne jest wino różowe.

Napój bogów i zakochanych

Wśród trunków w miłosnej kuchni króluje czerwone wino, uznawane od stuleci za znakomity afrodyzjak. Rzeczywiście relaksuje, odpręża, pobudza zmysły i sprawia, że krew krąży szybciej. Jest tylko jeden warunek – nie wolno przesadzić. Jedna lub dwie lampki do kolacji to dawka, na jakiej trzeba poprzestać; większa przynosi efekt przeciwny do pożądanego: rozleniwia i usypia. „Alkohol budzi pożądanie, ale zmniejsza możliwości" – w tak lapidarny sposób ujął temat Szekspir w „Makbecie". Mnichom w średniowiecznych klasztorach zalecano pić dużo wina, wiedziano bowiem, że spożywane w umiarkowanych ilościach „pobudza i drażni zmysły".

Królem wśród win jest szampan, kojarzący się ze świętowaniem szczególnie doniosłych wydarzeń. Słynie też jako afrodyzjak, a jego miłosna kariera trwa od czasów Ludwika XV (szampan powstał w czasach jego poprzednika Ludwika XIV). Miłosną moc przypisuje się także innym winom musującym, a także koktajlom z białego wina i owoców: pomarańczy czy truskawek.

Mowa kwiatów

Na ogół wybieramy bukiety, kierując się głównie względami estetycznymi, nie przywiązując wagi do symbolicznego znaczenie kwiatów. W przeszłości funkcjonował jednak rozbudowany „kwiatowy kod", który zastępował miłosne liściki czy wyznania. Przypisywanie kwiatom symbolicznych znaczeń wykorzystywała już średniowieczna kultura dworska, ale sztuka „kwiatowej korespondencji" kwitła szczególnie bujnie w krajach Orientu. W Europie moda na kwiatowe szyfry zapanowała w XVIII wieku dzięki angielskiej pisarce Mary Wortley Montagu, która z kwiatowym słownikiem zetknęła się w Turcji.

Co mówiły kwiaty?

12 czerwonych róż oznaczało płomienną miłość. Biała róża wkomponowana w taki bukiet zapowiadała oświadczyny, ale taka sama róża wręczona solo mówiła: jesteś dla mnie za młoda. Różowo-czerwona wiązanka oznaczała podziękowanie za upojną noc. Różowe róże symbolizowały przyjaźń i sympatię (ale bez namiętności), niebieskie kwiaty – wierność, białe niewinność, żółte zapomnienie, a fioletowe skromność. Ogromny bukiet wręczony kobiecie z pewnością robi wrażenie, ale absolutnym klasykiem jest pojedyncza czerwona róża, która wyraża o wiele więcej niż słowa.

PATRON ZAKOCHANYCH
Obwołany patronem zakochanym święty Walenty, biskup z Terni we włoskiej Umbrii, żył w III wieku n.e. za czasów cesarza Klaudiusza. Władca ów zabronił żenić się mężczyznom w wieku od 18 do 37 lat, wychodząc z założenia, że lepszymi legionistami są ci, którzy nie mają rodzin. Walenty potajemnie udzielał legionistom ślubów, za co został wtrącony do więzienia. Tam zakochał się w niewidomej córce strażnika, która – jak głosi legenda – pod wpływem tego uczucia odzyskała wzrok. Przed egzekucją, którą wykonano 14 lutego, Walenty zostawił dla niej list, który podpisał: „Twój Walenty". W Polsce walentynki upowszechniły się w latach 90. XX wieku.

Kusa mahszi

12 kabaczków małych (po ok. 15 dag)
Farsz: *30 dag mięsa mielonego baraniego*
• 30 dag ryżu białego, ugotowanego • 1 łyżka przyprawy ras el hanout
• szczypta ziela angielskiego mielonego
• szczypta cynamonu mielonego • 2 łyżeczki soli
Sos: *4 szklanki wywaru z warzyw • 1 puszka pomidorów (30 dag)*
• 2 łyżki soku z granatów • 4 ząbki czosnku • 1 łyżka mięty suszonej
• ½ łyżeczki kminu rzymskiego mielonego • sól, pieprz czarny mielony

Kabaczki umyć, osuszyć, wydrążyć, zostawiając 2 cm miąższu. Opłukać, odłożyć do obciekniecia. Wymieszać wszystkie składniki nadzienia i faszerować kabaczki. Przygotować sos. W dużym garnku doprowadzić do wrzenia wywar, dodać posiekane lub zmiksowane pomidory z puszki, sok z granatów, kmin. Doprawić do smaku solą i pieprzem, zagotować. Włożyć nafaszerowane kabaczki, doprowadzić do wrzenia i gotować około 30 minut na wolnym ogniu. Dodać zmiażdżony czosnek, miętę i gotować jeszcze 5 minut. Podawać jako danie główne.

ARABSKIE SEKRETY

Słynny XVI-wieczny podróżnik Ibn Battuta wspomina z rozrzewnieniem pobyt na wyspie Dibat el Halal, gdzie poznał tamtejszą „dietę miłości", zapewniającą „niespotykaną u innych ludów siłę męską". Należała do niej m.in. potrawa z ryby obficie doprawiona czosnkiem, popijana napojem z miodu i mleka kokosowego. Działała rewelacyjnie, Ibn Battuta zapisał bowiem: „I ja doznałem tej siły. Jak długo przebywałem u nich, miałem cztery prawowite żony i byłem codziennie w gotowości dla każdej z nich, a poza tym odwiedzałem jeszcze te moje konkubiny, na które wypadła kolej – i to przez 18 miesięcy!

Nadziewane kalmary z curry

4 kalmary • 4 dag wędzonego boczku • 2 dag rodzynek • 2 dag pistacji
• 3 łyżki oliwy • 1 pomidor • 1 mała czerwona cebula
• ½ cytryny • sól, pieprz • 2 gałązki pomidorków koktajlowych

Kalmary oczyścić przeciąć na ukos, gotować 5 minut w lekko osolonej wodzie, odcedzić. Drobno pokrojoną cebulę zeszklić na 2 łyżkach oliwy, dodać pokrojony w kostkę boczek, rodzynki, utłuczone pistacje, pokrojone w kostkę pomidory. Całość wymieszać. Doprawić wszystko pieprzem i solą, wymieszać i dusić pod przykryciem, aż płyn odparuje. Gotowym farszem nadziać kalmary, a następnie podsmażyć je lekko na oliwie. Kalmary pokroić w krążki, wyłożyć na półmisek, skropić sokiem z cytryny, a na koniec udekorować rozmarynem i pomidorkami koktajlowymi. Podawać z czerwonym winem.

Omdlały imam

2 bakłażany • 2 cebule • 2 pomidory • 4 łyżki oliwy • 2–3 ząbki czosnku
• 4 łyżki posiekanej natki pietruszki • łyżka soku z cytryny
• szczypta gałki muszkatołowej • sól, pieprz, cukier

Bakłażany blanszować kilka minut w sporej ilości wody, nie doprowadzając do wrzenia. Krążki cebuli zeszklić na oliwie, dodać zmiażdżony czosnek i pokrojone w kostkę pomidory (bez skórki). Dusić kilka minut na małym ogniu. Przekroić bakłażany, wydrążyć miąższ i dodać do rondla wraz z natką pietruszki. Dusić chwilę, przyprawić solą, cukrem, gałką muszkatołową i pieprzem. Napełnić bakłażany farszem, ułożyć w natłuszczonym naczyniu żaroodpornym, polać oliwą i piec 45 minut w piekarniku rozgrzanym do 180°C. Serwować gorące z jogurtem podanym w miseczce.

BAKŁAŻAN Z ANEGDOTĄ
Dlaczego imam zemdlał? Jak głoszą kulinarne plotki – z rozkoszy, konsumując bakłażana przyrządzonego przez kochającą żonę. Wedle bardziej przyziemnej wersji stracił przytomność, gdy się okazało, że jego druga połowa wydaje majątek na drogocenną oliwę i przyprawy.

Owoce morza z ryżem

25 dag owoców morza (krewetki, ostrygi, mule)
• 10 dag brązowego ryżu, ugotowanego • ½ papryki czerwonej
• ½ papryki żółtej • 2 łyżki jasnego sosu sojowego
• 2 łyżki sherry półwytrawnego • 2 łyżki oleju • 2 ząbki czosnku
• 1 łyżeczka imbiru mielonego • 1 łyżka cebuli dymki, posiekanej
• sól, pieprz czarny mielony

Na rozgrzany w woku lub na patelni olej wrzucić posiekany drobno czosnek, imbir, paprykę oczyszczoną z nasion i pokrojoną w wąskie paski dymkę, umyte owoce morza, sherry oraz sos sojowy. Całość smażyć około 3 minut. Dodać ryż. Przyprawić do smaku solą i pieprzem. Smażyć jeszcze 1–2 minuty.

KRÓLOWE AFRODYZJAKÓW

Szalona kariera ostryg jako najskuteczniejszych i najbardziej wykwintnych afrodyzjaków to w dużej mierze zasługa budzącego erotyczne skojarzenia wyglądu, a także literatury, w której znajdziemy opisy wykwintnych kolacji z ostrygami w roli głównej. Podobno Casanova przed miłosnymi spotkaniami zjadał ich kilkadziesiąt, a później raczył nimi swe kochanki, podając im osobiście wprost do ust delikatne specjały, co dodatkowo podgrzewało atmosferę.

Ostrygi najlepiej jeść na surowo, po skropieniu cytryną. Smakosze zachwycają się ich delikatnym, świeżym morskim smakiem, który zyskuje lekko słodkawą nutę w towarzystwie szampana lub lekkiego białego wina. Otwieranie ostryg specjalnym nożykiem wymaga nieco wprawy, zanim ją zdobędziemy, lepiej kupować już otwarte.

Sałatka z solą i bananem

4 łyżki brązowego ryżu, ugotowanego • 4 liście sałaty lodowej
• 1 czerwona papryka • 5 plastrów zielonego ogórka • 1 banan
• 1 filet z soli (ok. 30 dag) • 1 białko • sól, curry, trawa cytrynowa mielona
• pieprz biały mielony
Sos: *1 czerwona papryka • 1 łyżeczka jasnego sosu sojowego*
• 1 łyżeczka oliwy • 4 krople tabasco • 1 ząbek czosnku
• tymianek, sok z cytryny

Rybę posolić, doprawić curry, obtoczyć w białku i ułożyć w naczyniu żaroodpornym na papierze. Posypać trawą cytrynową i piec 25–30 minut w piekarniku nagrzanym do 200°C. Porwać sałatę, pokroić paprykę i ogórka, po czym ułożyć je na talerzu. Przygotować sos: paprykę oczyścić z nasion, drobniutko posiekać, wycisnąć do niej czosnek, sok z cytryny, dolać oliwę, sos sojowy, tabasco, dodać tymianek, wymieszać. Do oddzielnej miski pokroić banana, wymieszać z sosem, odstawić. Upieczoną rybę ułożyć na sałacie, obłożyć dookoła bananami w sosie. Oprószyć całość pieprzem. Podawać z czarnym ryżem w miseczce.

Sorbet z pomarańczy

2 pomarańcze • 5 dag cukru • 1 łyżeczka Campari • 4 listki świeżej mięty • kilka malin

Cukier zagotować z ½ szklanki wody. Pomarańcze sparzyć wrzątkiem. Z jednej pomarańczy zetrzeć skórkę i dodać do syropu z cukru. Gotować na wolnym ogniu 20–25 minut. Syrop przecedzić i wlać do metalowej miseczki, a następnie wstawić ją do większego naczynia wypełnionego zimną wodą. Syrop mieszać, aż wystygnie. Z obranej pomarańczy wycisnąć sok i dodać do syropu razem z Campari. Sorbet wstawić do zamrażalnika. Kiedy zacznie tężeć, energicznie wymieszać. Deser mrozić około 3 godzin, kilkakrotnie mieszając. Podawać na talerzykach wraz z cząstkami drugiej pomarańczy, ozdobiony miętą i malinami.

Opracowanie przepisów: **Iwona Czarkowska**

Redakcja i korekta: **zespół wydawnictwa Dragon**

Opracowanie graficzne: **Mariusz Dyduch**

Projekt graficzny: **Ryszard Bryzek**

Projekt i wykonanie okładki: **Ryszard Bryzek**

Redaktor prowadzący: **Anna Willman**

Wydanie I
© Wydawnictwo Dragon Sp. z o.o.
Bielsko-Biała 2013

Wydawnictwo Dragon Sp. z o.o.
ul. Barlickiego 7, III p.
43-300 Bielsko-Biała

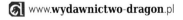 www.**wydawnictwo-dragon**.pl

ISBN 978-83-63559-65-6

Wyłączny dystrybutor:
TROY-DYSTRYBUCJA Sp. z o.o.
Al. Solidarności 115/2
00-140 Warszawa
tel. /faks 32 2589579
e-mail: troy@troy.net.pl
Zapraszamy na: www.troy.net.pl